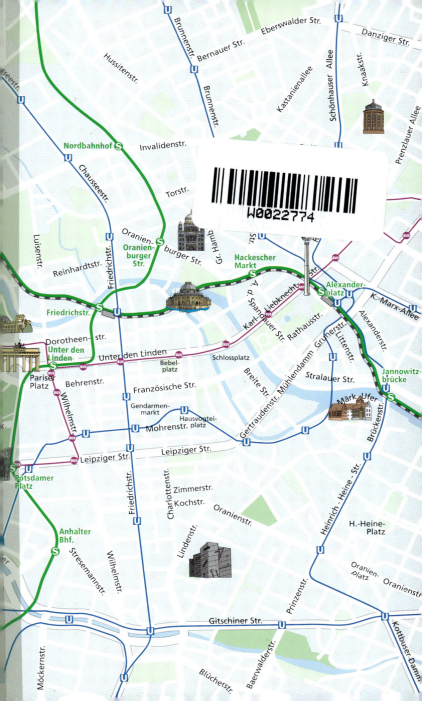

Berlin

Ich liebe Dich bei Nebel und bei Nacht,
wenn Deine Linien ineinander schwimmen, -
zumal bei Nacht, wenn Deine Fenster glimmen
und Menschheit Dein Gestein lebendig macht.

Gebändigt ruht ein ungestümes Treiben,
und heilig wird, was so voll Schicksal träumt.

Christian Morgenstern

LITERATUREMPFEHLUNGEN

Berliner Museumsführer ISBN 3-928119-62-1
Spurensuche Berlin ISBN 3-928119-79-6
Berlins unbekannte Kulturdenkmäler ISBN 3-928119-74-5
Berlin Grün ISBN 3-928119-51-6
Stadtführer für alle Fälle ISBN 3-928119-77-X

Potsdam in 24 Stunden ISBN 3-928119 78-8

Berlin
in 24 Stunden

Mit S-Bahn und Buslinie 100/200
schnell und bequem zu den
Highlights der Hauptstadt

Reiner Elwers

Potsdamer Platz Arkaden:
Shopping von seiner allerschönsten Seite!

Und wo trifft man sie?

Mehr als 120 Fachgeschäfte, Cafés und Restaurants
P Mehr als 2.500 Parkplätze und 1.500 am Gleisdreieck
U U2 **S** S1, S2, S25, S26 **H** Buslinien: 129, 148, 200, 241, 248, 341, 348
📞 Info-Hotline: Tel. 030-25 59 27-0

Hier ist Berlin

DANKE

BVG Berlin 10
S-Bahn Berlin 8
ECE/Potsdamer Platz Arkaden 4

art'otel, Hotel 145
Brandenburger Hof, Hotel 149
Haus der Preußisch-Brandenburgischen Geschichte 20
Hamburger Hummelbahn/Potsdam Stadtrundfahrt 138
Kulturfeste im Land Brandenburg e.V. 151
Elisabeth Schielzeth M.A., Stadtführung/Reisebegleitung 66
Schwarz-Schönherr, Verlag 124
TV-Turm Alexanderplatz 114

S+U-Bahn-Netz Ausschnitt Tarifbereich Berlin A B C   A B Bahnhöfe in Berlin C

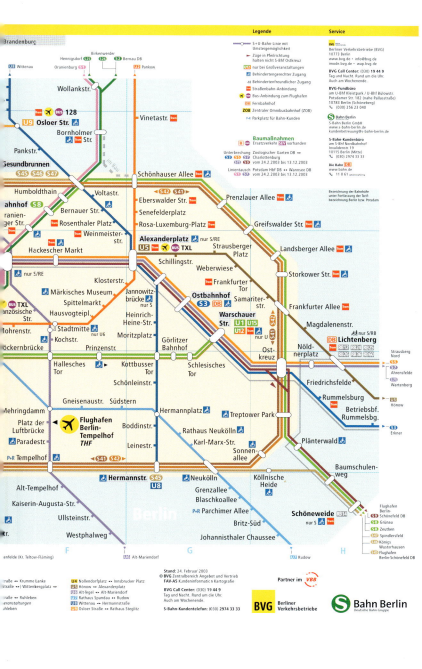

Die Bahn **DB**

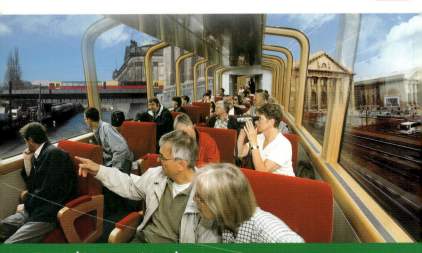

Berlin mit der Panorama-S-Bahn erleben

Die Panorama-S-Bahn fährt sonnabends und sonntags über den gesamten Berliner S-Bahn-Ring. Die Fahrt dauert 80 Minuten. Sie beginnt und endet am Ostbahnhof, Gleis 9.

Fahrt 1 **Fahrt 2** **Fahrt 3**
ab 11:06 an 12:26 Uhr ab 13:06 an 14:26 Uhr ab 14:06 an 16:26 Uhr
Preis pro Fahrt: Erwachsene 14,50 €   Kinder (4-13 Jahre) 8,00 €

Bitte informieren Sie sich in unseren Kundenzentren über zusätzliche Fahrten - insbesondere an Feiertagen. Die Fahrkarten sind in den S-Bahn-Kundenzentren Zoologischer Garten, Friedrichstraße, Alexanderplatz und Ostbahnhof erhältlich.

Infos: 030/29 74 33 33
www.s-bahn-berlin.de

Fahrplanänderungen möglich

ZENTRALE INFORMATIONEN

Vorwahl Berlin 030   Ausland 049 30

Berlin Tourismus Marketing
Am Karlsbad 11
10785 Berlin

Reservierungs-Hotline 25 00 25 (Hotels, Theater, Konzerte)
Informations-Hotline 0190 – 016 316 (€ 0,45 pro Minute)

www.berlin-tourism.de
www.berlin-tourist-information.de (online Reservierung)
www.berlin.de

S-Bahn Berlin GmbH
Kundentelefon 29 74 33 33
www.s-bahn-berlin.de mit fahrinfo-online

Bus: BVG
Kundentelefon 19 44 9
www.bvg.de mit fahrinfo-online

Museen in Berlin
Info-Telefon 20 90 55 55 (Staatliche Museen zu Berlin)
www.smpk.de
Info-Telefon 283 97 444 (MD Berlin)
www.mdberlin.de

Tourismus Marketing Brandenburg
0331 – 200 47 47
www.reiseland-brandenburg.de

S+U-Bahn-Netz siehe Seiten 6/7 und 156/157

INHALT

Danke   5

Zentrale Informationen   9

Zum Einstieg   14

Ihre 24 Stunden in Berlin   16

Zeittafel   21

Berlin – Tipp für Kurzbesucher   23

Mit dem Bus von West nach Ost   25

Haltestelle Buslinien 100 und 200: Zoologischer Garten   Ⓢ
  Bahnhof Zoo   26
  Zoologischer Garten   28

Haltestelle Buslinien 100 und 200: Breitscheidplatz
  Gedächtniskirche und Breitscheidplatz   32

Haltestelle Buslinie 100 und 200: Nordische Botschaften
  Nordische Botschaften   38
  Bauhaus Archiv   40
  Tiergarten   41

Haltestelle Buslinie 100: Grosser Stern
  Siegessäule   44

Haltestelle Buslinie 200: Philharmonie
  Kulturforum   48

Haltestelle Buslinie 100: Schloss Bellevue   Ⓢ
  Schloss Bellevue und Bundespräsidialamt   52

Haltestelle Buslinie 200: S- und U-Bahnhof Potsdamer Platz   Ⓢ
  Potsdamer Platz   54

HALTESTELLE BUSLINIE 100: HAUS DER KULTUREN DER WELT
  Haus der Kulturen der Welt (ehemalige Kongresshalle)   58
  Carillon   62

HALTESTELLE BUSLINIE 200: LEIPZIGER STRASSE/WILHELMSTRASSE
  Museum für Kommunikation   66

HALTESTELLE BUSLINIE 100: PLATZ DER REPUBLIK
  Reichstag   68
  Spreebogen   72

HALTESTELLE BUSLINIEN 100 UND 200: S-BAHNHOF UNTER DEN LINDEN Ⓢ
  Brandenburger Tor   74

HALTESTELLE BUSLINIEN 100 UND 200: UNTER DEN LINDEN/FRIEDRICHSTRASSE Ⓢ
  Unter den Linden   78
  Friedrichstraße   80

HALTESTELLE BUSLINIEN 100 UND 200: STAATSOPER
  Deutsche Staatsoper   82
  Deutsches Historisches Museum Zeughaus   84

HALTESTELLE BUSLINIEN 100 UND 200: LUSTGARTEN
  Museumsinsel und Lustgarten   88
  Palast der Republik   95
  Staatsratsgebäude   97
  Berliner Dom   98

HALTESTELLE BUSLINIEN 100 UND 200: SPANDAUER STRASSE
  Rotes Rathaus   100

HALTESTELLE BUSLINIEN 100 UND 200: ALEXANDERPLATZ Ⓢ
  Fernsehturm   102
  Alexanderplatz   104

ENTDECKUNGEN RUND UM DEN ALEXANDERPLATZ
  Ein Spaziergang unter Linden   106
  Das Nikolaiviertel   111
  Gendarmenmarkt   113

MIT DER S-BAHN VON OST NACH WEST   117

S-Bahnhof Hackescher Markt
  Hackische Höfe   118
  Oranienburger Straße   120
  Das Tacheles   120
  Neue Synagoge und Centrum Judaicum   121

S-Bahnhof Friedrichstrasse
  Bahnhof Friedrichstraße   125

S-Bahnhof Lehrter Bahnhof
  Neuer Lehrter Bahnhof   126
  Hamburger Bahnhof   126

S-Bahnhof Hansaplatz
  Hansaviertel   128

Unterwegs im westlichen Zentrum Berlins
  Kurfürstendamm   129
  Schloss und Park Charlottenburg   132

Service
  Berlin mit S-Bahn und Bus-Linie 100/200   140
  Tipp 1 Mit der Panorama-S-Bahn durch Berlin   142
  Tipp 2 Zum Prenzauer Berg mit der Tram   143
  Tipp 3 Ausflüge in Berlin und Umland   143

Register   146

Autor / Fotos   148

Impressum   150

Karten und Pläne
  Verlauf Linie 100/200   Umschlag vorn
  S+U-Bahn-Netz Zentrum   6/7
  Bahnhof Zoo/Tiergarten   24
  Kulturforum/Tiergarten   36/37
  Museumsinsel/Gendarmenmarkt/Unter den Linden   64/65
  Museumsinsel/Gendarmenmarkt/Nikolaiviertel   86/87
  Friedrichstraße/Unter den Linden   116
  Schloss Charlottenburg   131
  S+U-Bahn-Netz Berlin   156/157
  Übersichtskarte Berlin   Umschlag hinten

ZUM EINSTIEG

So viel Berlin! So wenig Zeit...

Das Problem ist nicht neu: Eine touristische Metropole – in unserem Falle „die auch sonst Metropole Berlin" – quillt über von Sehenswürdigkeiten, von Architekturdenkmälern und Szenetreffs, von Museen und Flaniermeilen. Der Besucher aber, zumal der mit nur ein, zwei oder bestenfalls drei Tagen Zeit, findet sich in der Fülle der Vielfalt nicht zurecht – und nimmt am Ende seines Kurztripps nur einen flüchtigen Eindruck mit nach Hause.

Neu ist die Lösung: Dieser Reiseführer nämlich. Hier wird nicht eine knapp (und oft platt) beschriebene Auflistung all dessen geliefert, was man „gesehen haben muss" – womöglich noch mit einem der beliebten Rankings versehen; stattdessen macht er sich die erfreuliche Tatsache zu Nutze, dass Berlin einerseits über ein dichtes, gut ausgebautes Nahverkehrssystem verfügt, und dass andererseits ein Grossteil der touristischen Highlights an oder in der Nähe zweier Strecken liegt, sich also ohne großen Zeitverlust „abhaken" lässt.

Kein Geheimtipp mehr ist die Buslinie 100, die mittlerweile durch eine auf einer ähnlichen Strecke verkehrende Linie 200 ergänzt wurde. Der 100er und der 200er stellen eine Ost-West-Verbindung, beziehungsweise West-Ost-Verbindung dar, sie verkehren zwischen dem westlichen Zentrum Zoo und dem Alexanderplatz im Osten. Früher führte die Strecke sogar mitten durch das Brandenburger Tor.

Weniger bekannt ist die S-Bahn als Touristen-Hit. Dabei bietet sie sich als Alternative oder Ergänzung zum Bus geradezu an. Auf der Strecke vom Alex zum Zoo werden so attraktive Viertel wie die Gegend um die Hackeschen Höfe und das Hansaviertel erschlossen. Hinzu kommt bei der S-Bahn, dass sogar die in den letzten Jahren aufwändig renovierten Bahnhöfe schon für sich alleine genommen einen Besuch Wert sind.

S-Bahn und Bus
Reiner Elwers bittet zum Einstieg

Ein Auto ist mit diesem Reiseführer also absolut überflüssig, und auch auf eine der 08/15-Stadtrundfahrten kann man getrost verzichten. Orientieren Sie sich lieber an den Streckenführungen von S-Bahn und Bus – und an den Empfehlungen dieses Reiseführers. Es versteht sich dabei von selbst, dass man nicht jedem einzelnen aufgeführten Ziel an den Strecken die gleiche oder überhaupt eine besondere Aufmerksamkeit schenken kann. Dafür sind 24 Stunden nun wirklich zu kurz. Und natürlich lässt sich der Führer auch nutzen, wenn man zu Fuß oder mit dem Fahrrad unterwegs ist – oder, wenn's denn sein muss, mit dem Auto.

Aber wir wollen uns hier nicht mit langen Vorreden aufhalten, schließlich gilt es, die 24 wertvollen Stunden in Berlin zu nutzen.

Berlin 2003/2004

IHRE 24 STUNDEN IN BERLIN...

...können und sollten Sie natürlich ganz individuell gestalten. Aber vielleicht ist dieser kleine Stundenplan eine Hilfe bei Ihrer individuellen Programmzusammenstellung.

11.00

Nach der Anreise verschaffen Sie sich einen ersten Eindruck von den klassischen Westberliner Sehenswürdigkeiten, indem Sie am Zoo in den Bus der Linie 100 oder 200 steigen. Vom Oberdeck bietet sich ein guter Blick auf die Gedächtniskirche und das Europa-Center.

12.00

Ein Spaziergang durch den Tiergarten ist Urlaub im Grünen. Nach Laune und Linienführung des jeweiligen Busses kann man dabei auch noch die an den Haltestellen gelegenen Sehenswürdigkeiten Diplomatenviertel, Siegessäule, Schloss Bellevue und Haus der Kulturen der Welt erkunden.

13.00

Ein Reichstagsbesuch ist erste Bürgerpflicht für jeden anständigen Berlin-Besucher. Schade, dass der Andrang zur gläsernen Kuppel oft so groß ist, dass man sich in eine Schlange einreihen muss. Wertvolle Zeit von den 24 Stunden gehen womöglich verloren! Aber vielleicht verschieben Sie Ihren Besuch auf den Abend – da ist es leerer!

14.00

Nach kurzer Weiterfahrt mit dem Bus 100 oder 200 – das Brandenburger Tor haben Sie vorher zu Fuß durchschritten, denn die Busse fahren nicht mehr hindurch – ist die Museumsinsel erreicht. Das Weltkulturerbe bietet in seinen verschiedenen Museen eine solche Fülle an Kunstwerken, dass die zwei Stunden, die man zur Besichtigung eingeplant hat, eigentlich gar nicht ausreichen. Pflicht: Alte Nationalgalerie!

MUSEUMSINSEL
Bedeutendste „Station" zwischen Zoo und Alex

16.00

Der Alexanderplatz, das Ziel der Busreise, ist erreicht. Weil Sie noch gut zu Fuß sind, schlendern Sie einfach den Boulevard Unter den Linden wieder zurück, vorbei an einer ganzen Zahl klassizistischer Architekturdenkmäler, bis zur Neuen Wache. Nach deren Besuch geht's über den gegenüber liegenden Bebelplatz – das im Platz eingelassene Denkmal zur Erinnerung an die Bücherverbrennung im Nazi-Regime beachten! – zum Gendarmenmarkt. Auf Berlins schönstem Platz lässt sich trefflich flanieren, und die Ausstellungen im Deutschen und Französischen Dom werben um geschichtsinteressierte Besucher. Vielleicht ist aber auch das Wetter so schön, dass die vielen Cafés und Restaurants um den Gendarmenmarkt ihre Stühle schon herausgestellt haben, und man dort angenehm den angebrochenen Nachmittag vertrödeln kann. Etwa bei ein, zwei Gläsern kühlem Rosé vor dem Traditionshaus Lutter & Wegner.

Wer mag, kann stattdessen auch in den Edelläden der nahen Friedrichstraße sein Geld loswerden.

19.00

Nach dem Rückweg zum Alexanderplatz gilt es, die Frage zu entscheiden, wo man seinen Hunger stillt, denn der meldet sich jetzt mit Macht; schließlich war beim bisherigen Programm gerade mal Zeit für eine Currywurst auf die Hand.

Wer vom Höhenrausch gepackt ist, fährt gleich mit dem Turbo-Fahrstuhl hinauf zum Fernsehturm-Restaurant, um hier beim Essen die Sonne über Berlin versinken oder die Sterne funkeln zu sehen (bis mindestens Mitternacht geöffnet).

Die bodenständigere Empfehlung: Zu Fuß oder mit der S-Bahn zu den Hackeschen Höfen (S-Bahnhof Hackescher Markt). In und um diesen mustergültig renovierten Hofkomplex bieten innerhalb eines in letzter Zeit entstandenen Szeneviertels zahllose Restaurants die unterschiedlichsten Speisen in meist schickem Ambiente. Tipp für Leute, die mit Stäbchen umgehen können: Das Pan Asia gleich neben den Hackeschen Höfen.

23.00

Gut gestärkt geht's noch zu einem nächtlichen Bummel die nahe gelegene Oranienburger Straße hinunter. Auf der auch nachts noch stets belebten Straße kommt man vorbei an der prächtig angestrahlten Goldkuppel der Neuen Synagoge und den vielen schönen, neuerdings oft in atemberaubend enge Korsetts geschnürten Prostituierten („Moulin rouge" für alle!) zum Tacheles, einem abenteuerlich aussehenden, ehemals alternativen Kulturzentrum. Die dortige Kneipe eignet sich bestens für einen alternativen Absacker.

HACKESCHER MARKT
Eines der zahlreichen Restaurants

ORANIENBURGER STRASSE
Essen, Trinken, Unterhaltung und Kultur

KRANZLER
Zentrum im „alten Westen"

9.00

Nach einem morgendlichen Ku'damm-Bummel – vielleicht mit aufmunterndem Kaffee im neuen Kranzler – sollten Sie noch dem Schloss und dem Park Charlottenburg einen Besuch abstatten. Oder Sie entscheiden sich für die „Story of Berlin" – die wirklich sehenswerte Erlebnisausstellung (Kurfürstendamm 207).

10.59

Während Sie Berlins schönste Frau – die Nofretete – im Ägyptischen Museum am Schloss Charlottenburg bewundern, stellen Sie entsetzt fest, dass die Zeit um ist. Dabei gäbe es noch so viel anderes zu bestaunen: Den neuerstandenen Potsdamer Platz zum Beispiel, oder das Kulturforum mit diversen Museen, das malerische Nikolaiviertel oder das Museum für Kommunikation mit seiner Blauen – und auch der Roten! – Mauritius. Ja – und was ist mit Köpenick, Glienicke, der Pfaueninsel und dem Wannsee? Jetzt, da Sie erkennen, was Sie versäumt haben, wissen Sie zumindest eins: Sie müssen wiederkommen nach Berlin – und wenn's geht für mehr als 24 Stunden!

Forum für lebendige Geschichte

Haus der Brandenburgisch Preußischen Geschichte

IM KUTSCHSTALL AM NEUEN MARKT

ab September 2003 Sonderausstellung

Königliche Visionen Potsdam – eine Stadt in der Mitte Europas

ab Dezember 2003 Ständige Ausstellung mit großem Stadtmodell der preußischen Residenz Potsdam

»Land und Leute« Geschichten aus Brandenburg-Preußen

Geöffnet ab September 2003
Öffnungszeiten Dienstag bis Freitag 10 - 17 Uhr, Samstag und Sonntag 10 - 18 Uhr, Montag Schließtag. Parkplätze in der Tiefgarage am Neuen Markt.
Info Telefon 0331/201 39 49, www.hbpg.de, info@hbpg.de
Postanschrift Haus der Brandenburgisch-Preußischen Geschichte, Schloßstraße 1, 14467 Potsdam

Für Veranstaltungen können das historische Stallgewölbe und der Konferenzraum angemietet werden

ZEITTAFEL

1237 Cölln an der Spree wird erstmals urkundlich erwähnt

1432 Berlin und Cölln schließen sich zu einer Stadtgemeinde zusammen

1451 Kurfürst Friedrich II. bezieht das neu gebaute Schloss an der Spree, Berlin und Cölln werden somit kurfürstliche Residenz

1701 Der am 18.1. zum König gekrönte Friedrich I. zieht festlich nach Berlin ein – und macht die Stadt zur königlichen Residenz

1709 Auf königliche Order werden Cölln, Berlin, Friedrichswerder, Dorotheenstadt und Friedrichstadt vereinigt

1871 Die Verfassung des Deutschen Reiches tritt in Kraft, Berlin wird Reichshauptstadt

1920 Groß-Berlin entsteht aus acht Städten und Landgemeinden und 27 Gutsbezirken, die neue Großstadt wird in 20 Verwaltungsbezirke gegliedert

1945 Nach dem Zusammenbruch teilen die vier Siegermächte die Stadt in vier Sektoren auf

1948 Mit dem Einsetzen eines eigenen Magistrats für Ostberlin kommt es zu einer administrativen Trennung der Stadt in Ost und West

1961 Mauerbau zwischen Ost- und Westberlin

1987 750-Jahr-Feier zum Stadtjubiläum

1989 Die Grenze zwischen Ost- und Westberlin fällt

1990 Erste Gesamtberliner Wahlen nach dem Krieg

1999 Mit der Aufnahme der Regierungsgeschäfte durch den Bundeskanzler wird Berlin auch faktisch wieder die Hauptstadt Deutschlands

Für die übrigen 364 Tage in Berlin

ISBN 3-982119-74-5
€ 16,–

ISBN 3-982119-62-1
€ 16,–

Spurensuche Berlin
ISBN 3-982119-79-6
€ 8,90

Stadtführer für alle Fälle
ISBN 3-982119-77-X
€ 7,80

Berlin Grün
ISBN 3-982119-51-6
€ 14,80

Überall im Buchhandel

BERLIN – TIPP FÜR KURZBESUCHER

WelcomeCard

Ganz Berlin und Potsdam in einer Vorteilskarte für relativ wenig Geld, das bietet die WelcomeCard. Das ist ein Gutscheinheft und kostet ca. 20 Euro. Aber dafür bietet es freie Fahrt mit unserer S-Bahn, unserem 100/200er Bus und auch auf sonst allen Bahnen und Bussen im Verkehrsverbund Berlin-Brandenburg (ausgenommen Ausflugs- und Sonderlinien).

Bis zu 50% Ermäßigung gibt es darüber hinaus bei vielen touristischen und kulturellen Attraktionen. Besonders günstig wird es für die Familie: Jeder Erwachsene kann mit seiner WelcomeCard bis zu drei Kinder unter 14 Jahren mitnehmen.

Die WelcomeCard erhalten Sie im Shop der BTM (Europa-Center), an den Verkaufsstellen der S-Bahn Berlin, der BVG, der Verkehrsbetriebe in Potsdam (ViP) und an anderen Stellen.

3-Tage-Karte Berliner Museen

Etwa die Hälfte, also ca. 10 Euro, kostet die 3-Tage-Karte Berliner Museen. Wer also nach Berlin der Museen wegen reist – und das sind viele –, der ist mit dieser Karte gut bedient. SchauLUST MuseenBERLIN, so heißt die Karte, öffnet Ihnen an drei aufeinanderfallenden Öffnungstagen (bitte den meist „geschlossenen" Montag beachten) über 50 Museen der Stadt. Dazu gehören alle großen Häuser.

Die Museums-Karte gibt es in den Berlin Tourist Info Centern, also z.B. auch im Europa-Center.

MIT DEM BUS VON WEST NACH OST

Dass die Fahrt mit dem 100er, eigentlich ein ganz normaler Linienbus der BVG, touristisch so ergiebig ist wie eine richtige Stadtrundfahrt, das hat sich inzwischen herumgesprochen. Vor einigen Jahren bekam der 100er mit dem 200er eine Ergänzung, um nicht zu sagen: eine Konkurrenz. Der Bus der Linie 200 ist fast so etwas wie ein Zwilling des 100er. Auch er startet am Zoo. Allerdings führt die Linie 200 im Gegensatz zu dem 100er Bus am Südrand des Tiergartens entlang. Damit erschließt sie neben dem alten – und jetzt wieder neu entstandenen – Diplomatenviertel an der Tiergartenstraße das Kulturforum und den Potsdamer Platz. Unter den Linden ist die Streckenführung der beiden Linien wieder identisch. Jedenfalls bis zum Alexanderplatz. Der 100er fährt dann noch drei Stationen weiter bis zur Endhaltestelle Mollstraße/Otto-Braun-Straße, und mit dem 200er geht's weiter bis zur Michelangelostraße, in ein Plattenbauviertel zwischen den Bezirken Prenzlauer Berg und Weißensee. Touristisch ist dieser Abschnitt der Strecke alles andere als interessant, und die Einheimischen haben hier den Bus wieder für sich allein. Wer allerdings als Wessi mal authentische Ostplatte angucken möchte, dem sei die Weiterfahrt bis Michelangelostraße empfohlen.

Hier ist die Tour vom Zoo aus beschrieben, aber selbstverständlich lässt sich genauso gut der Alex als Startpunkt wählen. Dies bietet sich etwa für Touristen an, die am nahen Ostbahnhof in der Hauptstadt eintreffen.

Noch ein Hinweis: Das Ⓢ-Symbol auf den folgenden Seiten und im Inhaltsverzeichnis markiert die Haltestellen, die auch bequem mit der S-Bahn zu erreichen sind.

HALTESTELLE BUSLINIEN 100 UND 200 ZOOLOGISCHER GARTEN

DER BAHNHOF ZOO

Auf der ganzen Welt gibt es wohl kaum einen Bahnhof, der einen ähnlich schlechten Ruf genießt wie der Bahnhof Zoo. Dabei kann das Bauwerk an sich gar nichts dafür. Schuld ist eine gewisse Christiane F.

Ende der siebziger Jahre war die Blütezeit der sozialkritischen Reportagen und „Stern"-Reporter waren sowieso verzweifelt auf der Suche nach dem – damals noch raren – sozialen Elend in der – damals noch – Wohlstandsgesellschaft. Sie fanden es in der vierzehnjährigen heroinabhängigen Christiane F., die sich auf dem Drogenstrich um den Bahnhof Zoo das Geld für den nächsten Schuss verdiente. Gemeinsam verfassten die Reporter und das Drogenopfer die Reportageserie „Christiane F.: Wir Kinder vom Bahnhof Zoo".

Die realistische Schilderung der Lebensumstände von jungen Menschen, die sich selbst aufgegeben hatten, wühlte die Leser zu Recht auf. Die Reportagen bescherten dem „Stern" Ruhm und Auflage, das daraus entstandene Buch wurde ein Bestseller, der auch verfilmt wurde. Aber der Bahnhof Zoo, der düstere Ort des bedrückenden Geschehens, hatte seinen Ruf ein für alle mal weg. Und er machte seinem schlimmen Leumund damals auch alle Ehre, handelte es sich doch um einen völlig heruntergekommenen Bau, für dessen Erhalt die DDR nur gera-

BAHNHOF ZOO
Start mit dem Bus – oder der S-Bahn zum Alexanderplatz

de soviele ihrer knappen Devisen lockermachen wollte und konnte, wie eben nötig war, um den Zugverkehr aufrecht zu erhalten. Zur Erinnerung: Sämtliche Bahnanlagen der „selbständigen politischen Einheit Westberlin" gehörten seinerzeit der Reichsbahn, der Bahn der DDR. Die Kompetenzstreitigkeiten zwischen Trapos (Transportpolizisten), die auf den DDR-eigenen Bahnhöfen natürlich das Hausrecht hatten, und der Westberliner Polizei taten ein Übriges, den Bahnhof Zoo für zwielichtige Gestalten attraktiv zu machen

So nimmt es nicht wunder, wenn nach der langwierigen und diplomatisch komplizierten Übertragung der Bahnhöfe auf den Westen die Beseitigung dieses Schandfleckes ganz oben auf der Prioritätenliste der Politiker stand; niemals mehr sollten die Besucher der Stadt einen solch entsetzlichen ersten Eindruck bekommen. Es wurden weder Mühen noch Kosten noch Zeit gescheut, um aus der vergammelten Halbruine ein architektonisches Kleinod zu machen. Die Denkmalschützer konnten aus dem Vollen schöpfen und orientierten sich an dem ursprünglichen Bauwerk, an das sich längst kein Berliner mehr erinnern konnte. So wurde der Bahnhof nicht renoviert, sondern entstand quasi komplett neu nach den alten Entwürfen – mit neuzeitlicher Technik, versteht sich.

Den Planern schwebte bei der Neugestaltung des Bahnhofs nicht ein Verkehrsknotenpunkt und eine Abfertigungsanlage für Reisende vor, sondern „ein urbanes Zentrum und ein Ort der spontanen menschlichen Kommunikation". Heute lässt sich sagen, dass die Denkmalschützer tatsächlich stolz auf das bauliche Ergebnis sein können, schließlich wird der Bahnhof Zoo international als Musterbeispiel für die gelungene Rekonstruktion technischer Bauwerke angeführt. Was allerdings die übrigen großen Ansprüche anbelangt, so darf man sie getrost als gescheitert betrachten. Wenn sich der Bahnhof zu einem urbanen Zentrum entwickelt hat, so vor allem für ein Publikum, mit dem man als Normalreisender – drücken wir es einmal zurückhaltend aus – lieber eher nicht in Kommunikation treten möchte. Aber das Bauwerk kann dafür nichts und ist eigentlich heutzutage besser, als sein Ruf.

Der Zoo

Bei Berlinern und ihren Gästen gleichermaßen beliebt: ein Besuch des Zoologischen Gartens. Die Pandabären sind ja aber auch so was von niedlich...

Der Berliner lässt sich in seiner Tierliebe von niemandem übertreffen. Davon zeugt nicht nur das allerorten in der Stadt zu beobachtende innige Verhältnis zwischen Herrn und Hund, sondern auch die seit Generationen gepflegte Liebe zum Berliner Zoo. Und das seit vielen Generationen, denn mit dem 1. August 1844 als Gründungsdatum ist der Berliner Zoo der älteste Deutschlands. Den Grundstein dazu hatte schon drei Jahre zuvor König Friedrich Wilhelm IV. gelegt, als er seine im Tiergarten gelegene Fasanerie der Stadt Berlin vermachte. Die dort gezüchteten Fasane bildeten mithin nicht mehr die königliche Jagdbeute, sondern den Grundstock für einen der mittlerweile reichhaltigsten zoologischen Gärten der Welt. Doch diese Entwicklung verlief nicht kontinuierlich, sondern wurde durch den Zweiten Weltkrieg jäh unterbrochen. Nach Kriegsende vegetierten in dem weitgehend zerstörten Zoo nur noch wenige Tiere. Der Wiederaufbau war den Berlinern eine Herzensangelegenheit, und bei den Begüterten der Stadt gehörte es zum guten Ton, dem Zoo ein Tier zu stiften. So kam einiges zusammen: Heute leben – wenn man den alljährlich stolz veröffentlichten Inventurlisten glauben mag – über 14.000 Tiere von etwa 1500 Arten im Berliner Zoo.

Diese Zahlen führen aber auch zu einem Problem, mit dem sich der Tourist herumschlagen muss: Die Zeit reicht fast nie aus, alle eingeplanten Attraktionen zu besuchen. Sei es, dass die Nachttierabteilung (im Keller unter dem Raubtierhaus) oder das Tropenhaus auf der Strecke bleiben, sei es, dass man versäumt, den Streichelzoo zu besuchen. Wobei das letztere für Eltern schon fast eine Verletzung der Fürsorgepflicht bedeutet. Es bedarf also für einen erfolgreichen Zoobesuch genügender Zeit und einer guten strategischen Planung. Zunächst muss die Frage geklärt werden, ob man nur den Zoo oder auch das dem Zoo angegliederte Aquarium besuchen will. Für beide werden

Der Zoo
Wirklich sehenswert – aber passt es wirklich in Ihre 24 Stunden?

einzelne Eintrittskarten und auch – entsprechend günstigere – kombinierte Tickets angeboten. Ist dies entschieden, sollte man sich überlegen, welche Orte auf dem großen Gelände man unbedingt ansteuern will und welche man sich schenken kann. So wird sich kaum eine westfälische Landwirtsfamilie die Nasen an dem Gehege mit den frisch geworfenen Ferkeln platt drücken wollen. Ein an den Kassen erhältlicher Zooführer ist auf jeden Fall eine nützliche Investition. Schließlich gilt es, die verschiedenen Fütterungszeiten der einzelnen Tierarten in die Planung einzubeziehen (Übersichtstafeln an den Eingängen). Als Hilfestellung hierzu sei erwähnt, dass die meist gut besuchte Raubtierfütterung in der Regel weniger spektakulär als erhofft ausfällt, fast immer unterhaltsam hingegen gestaltet sich die Essensausgabe bei den Affen. Auch drollig: Fütterung der Robben (im Sommer sogar dreimal täglich).

Jetzt, da der Plan steht, können wir uns auf den Weg machen zu unseren Lieblingstierarten, deren Gehege im Lageplan verzeichnet sind – etwa zu den Anoas, zu den Gaures (Oder Gauren?), zu den Bantengs und zu den Bongos (hatten wir bislang für so etwas wie Buschtrommeln gehalten). Oder wir streben – beschämt ob unseres zoologischen Unwissens – gleich zu den berühmten Pandabären, den unangefochtenen Favoriten der Besucher. Die ebenso süßen wie seltenen Tiere genießen bei den Berlinern eine nahezu kultische Verehrung. Jede Veränderung im Gesundheitszustand oder im – leider eher zurückhaltenden – Liebesleben der Pandas findet Platz auf den ersten Seiten der lokalen Gazetten. Doch auch wer sich noch nicht für pandanoid hält, lässt sich rasch verzaubern von den drolligen Gesellen. Selbst verkniffene Managerminen hellen sich auf angesichts der Purzelbaum schlagenden Bärchen. Da könnte man stundenlang zuschauen, obgleich man laut Plan doch längst bei den Bongos sein müsste.

Aber vielleicht bleibt ja doch noch genug Zeit für das Aquarium. Die dekorative Mosaikfassade des mächtigen Baues verspricht nicht zuviel: Fast 10.000 Tiere beherbergt das Aquarium. Nicht allein Fische gibt's hier hinter Glas zu sehen, auch Amphibien, Reptilien und Insekten lassen sich in weitgehend natürlich gestalteter Umgebung beobachten. Das Berliner Aquarium ist mit über fünfhundert Arten eines der artenreichsten der Welt. Es wurde schon Mitte des letzten Jahrhunderts von dem berühmten Zoologen Alfred Brehm begründet und 1913 an der heutigen Stelle erbaut. Die drei Stockwerke des Gebäudes sind nach den Elementen Wasser (Aquarium), Erde (Terrarium) und Luft (Insektarium) gegliedert.

Während sich Biologielehrer für das didaktisch geschickt gestaltete Insektarium begeistern, zieht es die Schüler zu den Haien, Riesenrochen und den elektrischen Fischen, deren Stromstöße über ein ins Beckenwasser eingelassenes Messinstrument sichtbar gemacht werden. (Wie das alles genau funktioniert, muss allerdings der Physiklehrer erklären.)

Absoluter Publikumsmagnet für jung und alt jedoch ist die Krokodil-Halle, in der die Besucher von Brücken herab, die die Halle in geringer Höhe überspannen, die Krokodile betrachten können – ohne eine Glas- oder Gitterbarriere zwischen sich und den Insassen. Ein besonderer Thrill bietet sich jeden Montag um 15.30 Uhr. Dann werden die – nach einer Woche ordentlich ausgehungerten – Bestien gefüttert.

Hardenbergplatz 8, Eingang Löwentor,
gegenüber der Einstiegsstelle des Busses Linie 100, und
Budapester Straße 34, Eingang Elefantentor,
neben dem Aquarium

Aquarium
Budapester Straße 32, Haltestelle Breitscheidplatz

Fon 25 40 10
Fax 25 40 12 55
www.zoo-berlin.de

🚌 HALTESTELLE BUSLINIEN 100 UND 200 BREITSCHEIDPLATZ

Gedächtniskirche und Breitscheidplatz

Mahnmal gegen den Krieg und lebendiges religiöses Zentrum, Architekturdenkmal von Rang und Wärmehalle für frisch zugezogene Stadtstreicher – die Kaiser-Wilhelm-Gedächtniskirche hat viele Funktionen. Für den Touristen aber ist sie eines der markantesten Bauwerke der Stadt.

Dabei blickt die Kirche auf eine für ein Gotteshaus eher kurze Vergangenheit zurück: Erst vor gut hundert Jahren – nämlich von 1891 bis 1895 – zu Ehren Kaiser Wilhelms I. errichtet, entsprach sie dem damaligen Zeitgeschmack. Nach einem Entwurf des Baurates Franz Schwechten entstand ein neoromanischer Bau. Einen enormen Aufwand betrieb man seinerzeit bei der Ausschmückung des Innenraumes. Prachtvolle Mosaiken, Skulpturen und Reliefs versetzten die Gottesdienstbesucher in Entzücken – für einen evangelischen Sakralbau untypisch.

Die Kaiser-Wilhelm-Gedächtniskirche entwickelte sich Anfang des Jahrhunderts zu einem architektonischen Kristallisationspunkt für den neu entstehenden Berliner Westen. Eine große Rolle im kirchlichen Leben spielte sie allerdings in den folgenden Jahrzehnten nicht. Die Kirche war noch keine fünfzig Jahre alt, als sie am 23. November 1943, dem Totensonntag, einem Bombenangriff zum Opfer fiel. Nach dem Ende des Krieges erhob sich nur noch die Turmruine über das weite Trümmerfeld. Die Silhouette des zerbombten Turmstumpfes war schon von sich aus eine Mahnung vor dem Wahnsinn des Krieges. Daher wäre es wohl ein Sakrileg gewesen, hätte man die Ruine im Zuge des Wiederaufbaus abgerissen.

Der berühmte Architekt Egon Eiermann wurde Ende der 1950er-Jahre mit dem Bau der neuen Kaiser-Wilhelm-Gedächtniskirche betraut. Sein preisgekrönter Wettbewerbsentwurf: ein

Kastenbau mit daneben stehendem Campanile. Aber das passte den Berlinern nicht, sie erzwangen einen neuen Plan mit dem Erhalt der Turmreste, die jetzt in den neuen Gebäudekomplex einbezogen wurden. Die 1961 eingeweihte (wortwörtlich!) neue Gedächtniskirche ist wiederum ein Beispiel für den damaligen Zeitgeschmack: modern und klar in der Form, auf keinen Fall protzig, aber dennoch repräsentativ und von deutlich sakralem Charakter. Eiermann schuf ein flachgedecktes Oktogon, also ein Achteck, aus blauverglasten Betonplatten als „Kirchenschiff",

KAISER-WILHELM-GEDÄCHTNISKIRCHE
Berlins wichtigstes Mahnmal gegen den Krieg

ergänzt durch eine Sakristei, einen „Foyer" genannten kleinen Verwaltungs- und Beratungsbau sowie einen freistehenden, ebenfalls blauverglasten neuen Turm. Mit 53 Metern baute Eiermann den neuen Turm bewusst niedrig, um den alten Turmstumpf nicht zu überragen.

Erst 1987 wurde die in der Turmruine gelegene Eingangshalle der alten Kaiser-Wilhelm-Gedächtniskirche renoviert und die Mosaikreste restauriert. Seitdem dient der Raum als Gedenkhalle. Die neue Gedächtniskirche ist aber im Gegensatz zu ihrer Vorgängerin auch ein religiöses und vor allem seelsorgerisches Zentrum.

Weniger andächtige Ruhe, als vielmehr das volle Leben herrscht auf dem Breitscheidplatz, der die Gedächtniskirche umgibt. Auf diesem wohl belebtesten und beliebtesten Platz Berlins treffen sie sich alle: Skateboardfahrer und Straßenkünstler, Touristen und Taschendiebe.

Der Weltkugelbrunnen bildet das Zentrum des Platzes. Dieser von dem Bildhauer Joachim Schmettau entworfene Brunnen erstreckt sich über mehrere Stockwerke bis zum Untergeschoss des Europa-Centers. Der originelle Figurenschmuck aus Bronze macht die aufwändige Granitkonstruktion zu einer optischen Entdeckungsreise für die Erwachsenen und zu einem – ziemlich nassen – Abenteuerspielplatz für die Kinder. Die amtliche Bezeichnung Weltkugelbrunnen ist übrigens weder gebräuchlich noch allgemein bekannt: „Wasserklops" ist der übliche und augenfällig treffende Name. Schade nur, dass die arme Stadt Berlin kein Geld hat, das nötige Wasser für ihren schönen Brunnen zu bezahlen. Daher haben sich die umliegenden Geschäftsleute in den letzten Jahren bereit erklärt, für das kostbare Nass aufzukommen. So ist der Brunnen jetzt mit einem weiteren Bronzeschmuck versehen: einer Tafel, auf der die edlen Spender sich für ihre jährliche „Brunnenpatenschaft" feiern.

Künstler jeder Art produzieren sich auf dem Breitscheidplatz vor einem mehr oder weniger begeisterten, auf jeden Fall zahlreichen Publikum: Jongleure und Zauberer, Sänger und Musiker – vom Sologitarristen (jeder zweite eine Inkarnation Jimmy Hendrix') bis zur zwanzigköpfigen Inkatruppe, wie wir sie aus allen Fußgängerzonen der Republik kennen, „El condor pasa" zum tausendsten... Immer wieder lustig und als begehrtes Film- und Fotomotiv schon über Berlin hinaus bekannt ist der Grimassenschneider vor dem Wasserklops. Alle hoffen sie auf klingende Münze im Hut oder im Instrumentenkoffer. Tatsächlich lassen sich viele Touristen von der ausgelassenen Stimmung auf dem Breitscheidplatz in Geberlaune versetzen.

Doch nicht alle Künstler zeigen ihre Begabung so offen. Fingerfertige Taschendiebe beweisen ihre Geschicklichkeit oft un- beziehungsweise zu spät bemerkt von ihren Opfern. Für die

Bestohlenen ist es auch nur ein schwacher Trost, dass die Polizei die meiste Zeit mit einer „Mobilen Wache", einem umgebauten Mannschaftswagen auf dem Platz präsent ist.

Eine weitere Gefahr, die allerdings schlimmer aussieht als sie ist, stellen die rudelweise auftretenden Skateboarder dar. Besonders ältere und schreckhafte Mitbürger fühlen sich von ihnen in die Defensive gedrängt, bei manchem Girlie hingegen ernten sie Neid und Bewunderung (was sicher beabsichtigt ist). Doch ob Applaus oder Entsetzensschreie – an den tollkühnen Jungs auf ihren fliegenden Brettern prallt jede akustische Äußerung ab, denn mit fest verstöpseltem Walkman im Ohr und 180 beats per minute sind Außenwahrnehmungen nicht mehr möglich.

Das Europa-Center, an das der Breitscheidplatz grenzt, ist eigentlich ein ganz profanes Einkaufszentrum und ein Bürohochhaus – dennoch hat sich das Europa-Center zu einem echten Wahrzeichen Berlins entwickelt. Seine Silhouette gehört einfach zum Stadtbild.

Während heutzutage große überdachte Einkaufszentren überall im Lande nichts Besonderes sind, war das Europa-Center bei seiner Eröffnung im Jahre 1965 noch einmalig und brachte etwas vom Flair der großen, weiten Welt in die geteilte Stadt. Einen besonderen Blickfang im Innern des Europa-Center bildet die über mehrere Stockwerke gehende „Wasseruhr", eine eigenwillige Konstruktion aus Glasröhren und -kolben, in denen sich grünlich-fluoreszierend gefärbtes Wasser in klar umrissenen Zeitabständen bewegt, so dass man an der Höhe der Wassersäulen die Uhrzeit ablesen kann.

Der Berlin-Besucher sei noch darauf hingewiesen, dass sich im Europa-Center auch das Hauptbüro der Tourist-Information befindet, und zwar neben dem Eingang Budapester Straße, also direkt an der Haltestelle des Busses der Linie 100. Neben Informationen erhält man hier auch die WelcomeCard, Tickets für diverse Veranstaltungen und – natürlich – Souvenirs.

HALTESTELLE BUSLINIE 100 UND 200
NORDISCHE BOTSCHAFTEN

Botschaftsviertel und Bauhaus Archiv

Das alte und nun wieder neue Botschaftsviertel ist heute vor allem ein Anziehungspunkt für Architekturbegeisterte. Höhepunkte sind die Nordischen Botschaften und das Bauhaus Archiv.

Der Komplex der Nordischen Botschaften besteht aus Einzelgebäuden, die durch eine gemeinsame Wandhülle umschlossen werden. Ein städtebaulicher Wettbewerb mit 222 Teilnehmern war der Ausgangspunkt für die Schaffung der Nordischen Botschaften. Das Wiener Architekturbüro Berger/Parkkinen überzeugte mit der Lösung eines den Gebäudekomplex umschließenden 'Kupferbandes'. Gebaut wurde mit einheimischen – also skandinavischen – Materialien, wie Lärchenholz und schwedischem Marmor. Der Grundriss der einzelnen Gebäude ist so gestaltet, dass er in etwa dem der einzelnen Länder entspricht. Wenn man den Eingangsbereich betritt – die Nordischen Botschaften sind im Gegensatz zu praktisch allen anderen Botschaftsbauten öffentlich zugänglich – und in die erste Etage geht, ist fast immer eine Ausstellung zu besichtigen, die interessante Projekte aus den einzelnen Ländern darstellt.

Nordische Botschaften
Einzelgebäude sind durch eine gemeinsame Wandhülle umschlossen

Das angesprochene Kupferband bildet den Rahmen, im Mittelpunkt der Anlage steht jedoch das „Felleshuset". Das Gebäude wird von allen Ländern gemeinsam genutzt, soll das skandinavische „Wir"-Gefühl stärken und nach außen demonstrieren. Die eigentlichen Botschaftsgebäude sind allerdings sehr eigenständig und auch architektonisch individuell gestaltet.

Damit Licht in die Sache kommt, ist das Kupferband (14,80m hoch, 226m lang) an mehreren Stellen von horizontalen Glas- und Holzstreifen durchsetzt. Das Band selber besteht aus 3926 – wer zählt so etwas eigentlich immer? – einzelnen Lamellen, die sich auf- und zuklappen lassen. Offen sorgen sie für Licht und Luft, geschlossen halten sie den Verkehrslärm der vorbeiführenden Straßen in Grenzen. Da der Skandinavier ein Leben am Wasser gewohnt ist, darf auch ein Wasserbassin auf dem Gelände nicht fehlen.

Alles in allem lohnt sich ein Besuch der Nordischen Botschaften also durchaus, nicht nur für Fans von Pippi Langstrumpf, Faxe oder Geysiren. Von Übergriffen marodierender Wikingerhorden auf umliegende Ortsteile ist bislang nichts bekannt geworden.

Wer noch mehr Botschaften sehen will, dem sei ein Bummel entlang der Tiergartenstraße empfohlen. Im historischen Diplomatenviertel entstanden die Botschaften folgender Länder: Japan, Griechenland, Estland, Italien, Spanien, Türkei, Südafrika, Österreich, Indien, Ägypten, den Vereinigten Arabischen Emiraten und Portugal. Auch die Ländervertretungen Baden-Württembergs, Nordrhein-Westfalens und Bremens sowie die Konrad-Adenauer-Stiftung und die Friedrich-Ebert-Stiftung wurden dort errichtet. Der Bus der Linie 200 fährt – nachdem er sich von dem 100er an den Nordischen Botschaften fürs Erste getrennt hat – ohnehin die Tiergartenstraße am Rande des Tiergartens entlang. Ansonsten gibt es in der Nachbarschaft der Nordischen Botschaften noch den – gleichfalls mit ziemlichem architektonischem Anspruch errichteten – Bau der CDU-Bundesgeschäftsstelle zu sehen.

Bauhaus Archiv

Freunde moderner Architektur finden sicher auch den Weg zum Bauhaus Archiv, das gegenüber den Nordischen Botschaften liegt. Das Bauhaus Archiv ist Mekka, Dorado und Heiliger Gral für Jünger der gelungenen Gestaltung.

Ein klar gegliedertes Gebäude, weiße Betonfassade und exakt nach Norden ausgerichtete Oberlichter – so sah 1964 der Entwurf für ein Museumsgebäude in Darmstadt aus, das der bedeutendsten Designbewegung der Welt einen würdigen Rahmen geben sollte. Und sein Architekt, der Bauhausgründer Walter Gropius persönlich, wollte sich wohl auch sein eigenes Denkmal setzen. Um Westberlin aufzuwerten, wurde der Bauplatz an den Landwehrkanal verlegt. Aber die Mühlen der Kulturbürokratie mahlten auch damals in der Zeit des Wirtschaftswunders und der vollen Kassen langsam. Gropius, einer der Söhne Berlins, auf den die Stadt wirklich hätte stolz sein müssen, erlebte die Verwirklichung seines Spätwerkes nicht mehr. Erst 1979, zehn Jahre nach seinem Tode, ging der Traum des Architekten in Erfüllung.

Das Bauhaus Archiv trägt, um Missverständnissen zu begegnen, die Zusatzbezeichnung „Museum für Gestaltung". Doch das ist kaum treffender, denn weder ein Archiv, in dem etwas nur katalogisiert und verwahrt wird, noch ein Museum, in dem man Überbleibsel vergangener Epochen besichtigen kann, ist das Bauhaus-Archiv, vielmehr eine anregende, angenehm zu betrachtende Ausstellung sehr moderner, sehr schöner Dinge.

Nach dem Besuch des Bauhaus Archivs muss man sich zwangsläufig die Frage stellen, warum die Welt hier draußen so schreiend hässlich sein muss. Hässliche Gebäude, die mit noch hässlicheren Möbeln eingerichtet sind und die an hässlichen Straßen stehen, auf denen hässliche Automobile fahren. Armer Walter Gropius!

Gropius hatte das Bauhaus als Hochschule für künstlerisches Schaffen 1919 in Weimar gegründet. Später siedelte das

Bauhaus nach Dessau um und verhalf der anhaltinischen Provinzstadt zu internationalem Ruhm. In dem bei der Gründung veröffentlichten Manifest forderte Gropius die Einheit aller bildenden Künste und erklärte das handwerklich-technische Können zu einer unerlässlichen Voraussetzung für künstlerisches Arbeiten.

Im Bauhauskonzept wird nicht nur der Zusammenklang von Handwerklichem und Künstlerischem gesucht, beide werden auch durch die Technik erweitert, womit der Weg zur industriellen Formgebung eröffnet wird. Diesen Weg beschritten Gropius und seine Mitstreiter Schlemmer, Breuer, Moholy-Nagy und Mies van der Rohe konsequent. Das beweisen die im Bauhaus Archiv ausgestellten Architekturmodelle, Gemälde und Zeichnungen ebenso wie die vielen Alltagsgegenstände. Eierbecher und Türklinken fanden in Dessau zur perfekten Form.

Ein Tipp zum Schluss: Wenn Sie als Tourist sich selbst oder den Lieben daheim ein Souvenir mitbringen möchten, sich aber nicht für Plüsch-Pandas oder Plaste-Trabis begeistern können, so finden Sie im Museumsshop sicher ein formvollendetes Teil in echtem Bauhaus-Design. Man bedenke aber: Es war schon immer etwas teurer, einen besonderen Geschmack ...

Klingelhöferstraße 13 – 14
Fon 25 40 02-0, Fax 25 40 02 10
Infotelefon 25 40 02 78 (Band)
www.bauhaus.de

Tiergarten

Die Fahrt mit dem Bus der Linie 100 führt nun auf der Hofjägerallee in den Tiergarten, Berlins grüne Lunge und Istanbuls Grillplatz.

Der Straßenname „Hofjägerallee" verweist auf den Ursprung des Parks: Er war kurfürstliches Jagdgebiet. Schon in der ersten Hälfte des 16. Jahrhunderts ließen die Kurfürsten Joachim I.

und Joachim II. auf dem Gebiet des heutigen Tiergartens
Hirsche, Wildschweine und andere Tiere aussetzten. Natürlich
war der Wald vollständig eingezäunt, schließlich sollten die kurfürstlichen Tiere nicht Reißaus vor den adeligen Waidmännern
nehmen und womöglich vor einer Bürger- oder Bauernflinte landen.

Erste gestalterische Maßnahmen begannen um 1700. Es
wurde in Verlängerung der Straße Unter den Linden eine breite
Schneise durch den Tiergarten als Verbindung zwischen dem
Stadtschloss und dem neuerrichteten Schloss Charlottenburg
geschlagen. Damit begann die Wandlung vom Jagdrevier zum
Waldpark, und letztendlich ließ Friedrich der Große den Tiergarten in einen spätbarocken „Lustpark" umgestalten. Dieser
Lustpark war die Grundlage für einen 200 Hektar großen
Erholungspark, den der später berühmte Gartenarchitekt Peter
Josef Lenné ab 1833 im Stile englischer Gartentradition zu
einem Landschaftspark mit malerischen Wasserzügen und lichten Wiesentälern umgestaltete.

In dem von Lenné geschaffenen Stil befand sich der Tiergarten noch – von einigen Kriegszerstörungen abgesehen –, als
er nach dem Zweiten Weltkrieg von den frierenden Berlinern
abgeholzt wurde. Die britische Militärverwaltung ließ anschließend auf der Wüstenei Kartoffeln anpflanzen. Aber schon zwei
Jahre später, im März 1949, pflanzte der Regierende Bürgermeister Ernst Reuter die erste Linde an der Hofjägerallee. Nach
diesem Startschuss zur Wiederaufforstung des Parks begann
eine riesige Baumspenden-Aktion westdeutscher Städte. Mehr
als eine Million junger Bäume wurden auf die Reise an die
Spree geschickt! Die Berliner kamen mit dem Einpflanzen kaum
nach.

Die Bäume sind ganz offensichtlich gut angewachsen, von
den Kriegsschäden – besser: Nachkriegsschäden – ist nichts
mehr zu sehen. Als Erholungsgebiet erfreut sich der Tiergarten
einer ungebrochenen Beliebtheit bei den Berlinern. An einem
Sonntagnachmittag zieht es sie bei schönem Wetter alle in den
Tiergarten: Der Flaneur umrundet den malerisch verzweigten

TIERGARTEN
Ruhe inmitten der Stadt am Neuen See

Neuen See, der Rentner besetzt seine Stammbank, der Hundefreund lässt sich von seinem besten Freund ein ums andere mal das Stöckchen apportieren, der Sportliche spielt Fußball, der Faulenzer lässt sich auf der Langgraswiese die Sonne auf den Bauch scheinen und der Türke grillt. Darf der Türke das? Ja, er darf, das Grillen im Tiergarten ist nicht verboten. Noch nicht.

Seit Jahren wird in der Stadt die Debatte um das Grillverbot im Tiergarten geführt; und zwar mit einer Heftigkeit und Verbissenheit, die die Grenze zum Fanatismus längst überschritten hat. Vorerst aber werden die unzähligen transportablen Grills weiterräuchern, um die sich auch viele türkische Großfamilien allsonntäglich zum Picknick versammeln. Wer ist am Sonntagnachmittag eigentlich noch in Kreuzberg?

> Café am Neuen See, Lichtensteinallee
> schöner Cafégarten direkt am Seeufer gelegen
>
> Bootsverleih: Ruder- und Tretbootverleih am Neuen See

HALTESTELLE BUSLINIE 100
GROSSER STERN

Siegessäule

Kein Engel über Berlin, sondern die Siegesgöttin Viktoria hat sich über dem Großen Stern – mit täglich über 100.000 Autos Deutschlands verkehrsreichster Kreisverkehr – emporgeschwungen. Wer die 285 Stufen nicht scheut, kann der berühmten „Goldelse" unter den Rock schauen.

Um die besondere Bedeutung der Siegessäule zu verstehen, lässt sich eine kurze Lektion in Geschichte nicht vermeiden: Am 18. Januar 1871 kürten die deutschen Fürsten im französischen Schloss Versailles den preußischen König Wilhelm I. zum deutschen Kaiser. Das Zeremoniell war ein Ergebnis dreier Kriege (1864 gegen Dänemark, 1866 gegen Österreich, 1870/71 gegen Frankreich), später „Einigungskriege" genannt, aus denen Preußen siegreich hervorgegangen war. Auf der Woge des militärischen Erfolges schlossen sich 22 bislang souveräne deutsche Staaten und drei freie Hansestädte zum ersten deutschen Nationalstaat zusammen. Dieses geschichtliche Ereignis sollte durch ein angemessenes Monument verherrlicht werden. Die Siegessäule – sie war jenes angemessene Monument – stellt das erste national gedachte Denkmal des soeben errichteten Kaiserreiches dar und gab den Anstoß zu unzähligen weiteren Denkmalinitiativen überall in Deutschland.

Die Berliner Siegessäule wurde am 2. September 1873, dem dritten Jahrestag der Sedanschlacht, mit großem Gepränge eingeweiht. Allerdings stand sie damals auf dem Königsplatz, dem heutigen Platz der Republik, also dem Platz vor dem Reichstag. Der kam allerdings erst später dazu, da der Bau des Reichstags 1884 begonnen und 1894 vollendet wurde. Die Siegessäule stand also erst ab 1894 vor dem Reichstag – bis 1938. Dann begannen die Nationalsozialisten mit den Planungen für den Umbau Berlins zur Welthauptstadt Germania. Der

Umzug der Siegessäule auf den Großen Stern war die einzige Baumaßnahme, die die größenwahnsinnigen Stadtplaner um Albert Speer noch durchführten, der Rest sollte nach dem Endsieg erledigt werden. Weil es bei den Nazis gern ein bisschen größer sein durfte, wurde beim Wiederaufbau der Säule eine zusätzliche Säulentrommel hinzugefügt. Auch der Sockel wurde vergrößert. Ursprünglich 60,5 Meter hoch, maß das Denkmal nun – und misst es noch – 67 Meter.

Auch heute noch ist das Denkmal, entworfen von dem königlich-preußischen Oberhofbaurat Heinrich Strack, vierfach gegliedert. Auf dem Sockelunterbau, einer mächtigen Granitkonstruktion, wurde eine Säulenrundhalle mit einem prächtigen Glasmosaik errichtet. Darüber erhebt sich die Säule selbst, gebildet aus vier Säulentrommeln. Nach oben abgeschlossen wird die Säule von einem kapitellartigen Adlerfries, der zur achteckigen Aussichtsplattform überleitet. Hier schließlich findet sich der Sockel für die krönende, alles überragende Figur der Siegesgöttin Viktoria, geschaffen von dem seinerzeit berühmten Bildhauer Friedrich Drake.

Der interessierte Besucher kann das Bauwerk wie ein aufgeschlagenes Geschichtsbuch lesen. Immerhin war dies eines der Anliegen der Erbauer. Zunächst umrundet der Betrachter den Sockel, um sich mit dem „Fundament von Ruhm und Ehre" vertraut zumachen: Die vier hier angebrachten Bronzereliefs zeigen Szenen aus den drei Kriegen und einen Triumphzug in

SIEGESSÄULE
Die Siegesgöttin Viktoria, „Goldelse" genannt

SIEGESSÄULE
Den Ausblick müssen Sie sich gönnen

Berlin. Gegossen sind die Reliefs aus eingeschmolzenen Bronzegeschützen, die in den Einigungskriegen erbeutet worden waren.

Die nächste Geschichtslektion erwartet uns in der Säulenhalle in Form eines prächtigen Mosaiks. Auf ihm soll in allegorischer Verarbeitung – jedoch nicht ohne realistische Details – die Wirkung von Krieg und Sieg verdeutlicht werden. Wilhelm I. hatte, noch in Versailles weilend, den Inhalt des Bildes vorgegeben. Die Säule selbst, aus Sandstein gehauen, ist ein traditionelles und in Berlin seinerzeit schon mehrfach vorhandenes Symbol von Macht und Hoheit. Als Krönung und quasi programmatische Zusammenfassung der politischen Aussage schwebt über all dem die bronzene Siegesgöttin. Vierzig Tonnen schwer und über acht Meter hoch bildet die feuervergoldete Figur mit Feldzeichen und eisernem Kreuz in der Linken und dem Siegeskranz in der Rechten heute wie damals einen imponierenden Blickfang. Die Aussichtsplattform in 48 Meter Höhe erreicht man nach dem Aufstieg über eine steile Wendeltreppe im Innern der Säule. Fairerweise wird der Besucher schon vor dem Lösen des Billets darauf hingewiesen, dass das Bauwerk nicht über einen Aufzug verfügt.

Bei aller historischer Bedeutung, die sich so recht erst aus dem „Geschichtlichen Großen und Ganzen" erschließt, stellt die Siegessäule heute aber vor Allem eine Gelegenheit dar, den Blick schweifen zu lassen – über die Baumwipfel des Tiergartens, zum Hansaviertel, zum Brandenburger Tor, zu den Stadtzentren in Ost und West und immer weiter bis zum Horizont, wo die Ränder der Stadt in einem grau-blauen Nebel zerfließen.

Die Siegessäule wird mittlerweile von der Privatfirma monument-tales betrieben, die in einem der Torhäuschen an den Zugangstunneln zur Siegessäule auch ein kleines Café mit Biergarten eingerichtet hat.

> Straße des 17. Juni
> Fon 3 91 29 61
> www.monument-tales.de

HALTESTELLE BUSLINIE 200 PHILHARMONIE

KULTURFORUM

So viel Kultur an einem Ort versammelt, dass selbst hartnäckige Kulturfreunde und Museumsgänger in die Defensive geraten: Das Kulturforum bietet Bildende Kunst aus allen Epochen, historisches Kunstgewerbe und Musikinstrumente, Konzerte aller Art sowie Architektur von Weltgeltung. Mittendrin in dem Areal aber steht recht verloren und deplatziert eine Kirche.

Es ist die St. Matthäus-Kirche, ein 1846 von August Stüler errichteter Ziegelbau im italo-romanischen Stil. Vor dem Krieg war sie architektonischer und geistlicher Mittelpunkt eines Villenviertels, das sich zwischen Tiergarten und Landwehrkanal befand. Zwar geriet auch die Kirche in den letzten Kriegstagen unter Beschuss und brannte völlig aus, doch wurde sie wieder aufgebaut: außen dem Original getreu, innen im Stil der fünfziger Jahre. Es lohnt sich, die St. Matthäus-Kirche bei einem Besuch des Kulturforums als erstes anzusteuern, denn von ihrem Turm aus – auf steiler Treppe mühsam zu erklimmen – lässt sich ein guter Überblick über das gesamte Areal gewinnen. Auch die Architektur-Highlights des nahen Potsdamer Platzes zeigen sich von hier in einer interessanten Perspektive.

Jetzt aber wollen wir den Museumsbesuch nicht länger hinausschieben. Begeben wir uns also über die etwas eigenartig gestaltete Freifläche, der die Museumsleute oder Architekten oder wer auch immer den Namen Piazetta gegeben haben, und betreten durch den zentralen Eingang einen verschachtelten Gebäudekomplex, in dem die Gemäldegalerie, das Kunstgewerbemuseum und das Kupferstichkabinett untergebracht sind. Der jüngste und nach einhelliger Meinung von Experten wie Laien gelungenste Teil des Gebäudekomplexes ist die Gemäldegalerie: Das Haus zeigt Meisterwerke europäischer Malerei vom 13. bis zum 18. Jahrhundert.

St. Matthäus-Kirche
Von oben hat man einen guten Blick auf Potsdamer Platz und Kulturforum

Der Gemäldegalerie baulich vorgelagert, aber nun mit ihr verbunden, ist das Kupferstichkabinett. Es sammelt europäische und amerikanische Zeichnungen und Druckgrafik vom Mittelalter bis zur Gegenwart. Auf der gegenüberliegenden Seite des Gebäudekomplexes befindet sich das Kunstgewerbemuseum. Es präsentiert europäisches Kunsthandwerk aus allen Epochen. Hier ist auch der berühmte Welfenschatz zu sehen: Das Kuppelreliquiar in Form einer byzantinischen Kirche, geschaffen 1175. Es soll einst den Kopf des Heiligen Gregor enthalten haben. Weniger prächtig ist allerdings die äußere Erscheinung des Kunstgewerbemuseums, der Bau erinnert sehr ein Parkhaus. Vor einiger Zeit hat man um die Fassade herum Kletterpflanzen gepflanzt, und heute verdeckt sattes Grün schon einen Teil der architektonischen Entgleisung.

Ganz anders die Neue Nationalgalerie. Sie befindet sich in einem 1968 nach Plänen des legendären Architekten Mies van der Rohe errichteten Gebäude. Die quadratische Stahl-Glas-

NEUE NATIONALGALERIE
Attraktive Sonderausstellungen ergänzen die ständige Ausstellung

Konstruktion ist Ziel begeisterter Architekturfreunde. Die ständige Ausstellung – Malerei und Plastik des 20. Jahrhunderts – ist im Untergeschoss untergebracht. Das repräsentativere Obergeschoss wird für Sonderausstellungen genutzt.

Wer noch nicht genug hat von Museen, der besucht auch das Musikinstrumenten-Museum. In dem offenen, hellen Museumsraum werden über 500 Instrumente weitgehend in ihren Kontext gezeigt, einer chronologischen Ordnung folgend. Der Bau geht auf einen Entwurf des Berliner Architekten Hans Scharoun zurück, von dem auch die Philharmonie stammt, wohl das markanteste Gebäude des Kulturforums. Einst wirkte es sehr beeindruckend in der seinerzeit fast unbebauten Stadtlandschaft um das Kulturforum, heute ist es vor den Hintergrund der Hochhäuser des nahen Potsdamer Platzes fast schon unscheinbar. In Berlin haben sich die Maßstäbe und die Perspektiven verschoben.

Informationen zu allen Museen des Kulturforums

Besucherdienste der Staatlichen Museen zu Berlin
Stauffenbergstraße 41
10785 Berlin
Infotelefon 20 90 55 55
www.smpk.de

Gemäldegalerie, Stauffenbergstraße 40, Fon 2 66 29 51

Kupferstichkabinett, Matthäikirchplatz 8, Fon 2 66 20 02

Kunstgewerbemuseum, Tiergartenstraße 6, Fon 2 66 29 02

Neue Nationalgalerie, Potsdamer Straße 50, Fon 2 66 26 51

Musikinstrumenten-Museum, Tiergartenstraße 1,
Führungen 25 48 11 39, Infotelefon 25 48 11 78

KULTURFORUM
Blick auf die Philharmonie und den Potsdamer Platz

HALTESTELLE BUSLINIE 100
SCHLOSS BELLEVUE

SCHLOSS BELLEVUE UND BUNDESPRÄSIDIALAMT

Eigentlich hätte hier der Bundespräsident herrschaftliches Quartier beziehen sollen. Doch Johannes Rau verschmäht das Schloss und wohnt lieber in der – wiederum von diesem gemiedenen – Dienstvilla des Bundestagspräsidenten in Dahlem.

Bevor der Bus der Linie 100 aber den ständigen Amtssitz des Bundespräsidenten – so die offizielle Bezeichnung – passiert, fällt der Blick auf ein bunkerähnliches Gebäude. Es ist der Neubau des Bundespräsidialamtes. Die Architekten selbst sind von ihrem Werk sehr angetan und verlautbaren: „Die elliptische Form des Gebäudes schmiegt sich sensibel in den Parkbereich südlich vom Schloss Bellevue. Durch die skulpturale Gestaltung des Neubaus entsteht ein spannungsreicher Dialog zwischen umwachsener Landschaft, Schloss Bellevue und dem Solitärobjekt Bundespräsidialamt." Wenn sich der Nebel der Architektenlyrik lichtet, bleibt ein mit schwarzem Granit verkleidetes Gebäude, das zumindest die Kronen der umstehenden Bäume kaum überragt und somit erfreulicherweise wenig ins Auge sticht.

Bei aller Kritik, auf die der Neubau bei den Berlinern stieß, wurden doch zwei Dinge anerkennend notiert. Erstens verschlang der Bau nicht wie erwartet mehr als die veranschlagten 90, sondern ein paar Millionen Mark weniger, und zweitens wurde er auch noch eher als geplant fertig. Nach zweijähriger Bauzeit war er schon im Frühjahr 1998 vollendet – und nicht erst im Sommer 1998.

Das Schloss Bellevue macht im Gegensatz zum Präsidialamt durchaus einiges her. Verständlich also, dass die Anlage schon 1959 zum Berliner Sitz des Bundespräsidenten erwählt wurde. Seit 1994 ist das repräsentative Gebäude ständiger Amtssitz des Präsidenten. Ursprünglich diente der 1785 errich-

SCHLOSS BELLEVUE
Der offizielle Amtssitz des Bundespräsidenten

tete Bau dem Prinzen August Ferdinand von Preußen als Sommerpalais. Der kleine Bruder des Alten Fritz hatte sich sein hübsches Heim im Stil des französischen Barock mit prächtigen Gartenanlagen bauen lassen. Schloss und Park blieben bis 1926 im Besitz der Hohenzollern. Im Dritten Reich nutzten die Nazis Schloss Bellevue als Gästehaus. Die Zerstörungen des Zweiten Weltkrieges überstand der prächtige ovale Festsaal, von Carl Gotthard Langhans 1791 gestaltet, leider nicht, er wurde rekostruiert. Heute bittet Johannes Rau hier regelmäßig sowohl Staatsoberhäupter aus aller Welt, als auch verdiente Bürger zum Empfang. Es sei denn, die Veranstaltungen finden wegen der Renovierungsarbeiten am Schloss Bellevue im Ausweichquartier Schloss Niederschöneweide im Bezirk Pankow statt. Einst war dies der Sitz des ersten Präsidenten der DDR, Wilhelm Pieck (schon Adenauer sprach vom „Pankower Regime").

Der Schlosspark umfasst 20 Hektar und galt im Vorkriegs-Berlin als eine der schönsten Grünanlagen der Stadt. Der westliche Teil des Parks ist im Stil eines englischen Gartens angelegt. Er wurde Anfang der fünfziger Jahre durch Spenden des englischen Königshauses wiederaufgeforstet und neu gestaltet. Dieser Teil des Schlossparks ist auch der einzige, der für die Öffentlichkeit zugänglich ist. Man erreicht ihn am Besten vom Großen Stern aus. Der Rest der Anlage ist dem Präsidenten vorbehalten.

HALTESTELLE BUSLINIE 200
S- UND U-BAHNHOF POTSDAMER PLATZ

Potsdamer Platz

Die Legende lebt: Der Potsdamer Platz, in den zwanziger Jahren der verkehrsreichste Platz Europas, ist heute wieder zu einem viel besuchten Quartier und einem architektonischen Anziehungspunkt geworden. Dabei war er eigentlich nie ein richtiger Platz.

Ein Platz war der „Platz vor dem Potsdamer Thore" – so der ursprüngliche offizielle Titel – tatsächlich nicht, eher ein fünfeckiger Verkehrsknotenpunkt auf der alten Reichsstraße Nummer 1, die Aachen mit Königsberg verband. Schon Ende des 19. Jahrhunderts wurden hier 20.000 „Fahrzeuge" gezählt. 1924 schließlich war der Platz dermaßen überlastet, dass auf der Platzmitte ein Verkehrsturm mit der ersten Ampelanlage Berlins installiert wurde. Rasch avancierte der Ampelturm zum gern fotografierten Symbol für großstädtische Dynamik.

Heute ist alles ganz anders. Zwar ist der Autobauer DaimlerChrysler einer der größten Investoren am Potsdamer Platz, doch hat sich auch dort herumgesprochen, dass die Qualität eines urbanen Zentrums steigt, wenn man den Menschen die Möglichkeit zum gefahrlosen Flanieren bietet. Die Architekten versuchten also in dem ganz und gar auf den Reißbrett entworfenen neuen Stadtquartier, den Flaneuren den Aufenthalt so angenehm wie möglich zu machen. Und heute, da der Potsdamer Platz

Potsdamer Platz
Futuristische Gebäude bestimmen ein neues Zent

KAISERSAAL
Ursprünglich im Hotel Esplanade – jetzt in das Sony Center integriert

fertig ist, müssen sogar anfängliche Kritiker einräumen, dass dies durchweg gelungen ist.

Mehrere berühmte Architekten treten mit ihren Bauten in einen sportlich-ästhetischen Wettbewerb am neuen Potsdamer Platz: Renzo Piano und Arata Isozaki bauten für die Daimler-Tochter Debis, von Hans Kollhoff stammt das mit historischen Reminiszenzen spielende Klinkerhochhaus mit der prestigeträchtigen Adresse Potsdamer Platz 1. Und Helmut Jahn hat als Kontrast zur Debis-City beim Sony Center konsequent auf Fassadenteile aus Glas und Stahl gesetzt. Das schiefe Zeltdach über dem Innenhof des Sony Centers ist nicht nur ein markanter Hingucker, man findet unter ihm auch ganz praktisch Schutz vor dem Regen. Somit ist der Sony-Innenhof zumindest bei schlechtem Wetter Lieblingstreffpunkt der Flaneure. Wenn die Sonne scheint, schlendern sie hingegen gern über den Marlene-Dietrich-Platz vor dem Gebäude des Musical-Theaters.

Für Kinogänger ist der Potsdamer Platz ein Dorado. Neben den beiden wirklich großzügig angelegten und komfortabel ausgestatteten Multiplexen kann man hier auch gleich zwei der verblüffenden 3D-Kinos besuchen. Ein Muss für Cineasten ist das Filmmuseum Berlin. Neben einer Reise in die Vergangenheit des deutschen Films und nach Hollywood können die Betreiber, die vormalige Stiftung Deutsche Kinemathek, damit punkten, dass auch Sammlungen so berühmter Schauspieler und

Regisseure wie Heinz Rühmann und Gerd Fröbe oder Fritz Lang und William Dieterle zu den Beständen des Hauses gehören. Unangefochtenes Highlight: Die Marlene-Dietrich-Collection. In den beiden angeschlossenen Kinos gibt es täglich mehrere Vorstellungen ausgefallener Filme.

Aber natürlich kann man nicht nur der Kunst, sondern auch dem Konsum frönen. Nicht umsonst sind die Potsdamer Platz-Arkaden mittlerweile das beliebteste Einkaufszentrum der Stadt. Vom piefigen Europa-Center trennen die lichten und großzügig angelegten Arkaden Welten. Neben zahllosen gediegenen Geschäften des gehobenen Bedarfs haben sich auch einige Läden für den Normalkonsumenten angesiedelt. Ja, und wer länger sucht, findet sogar ganz hinten im Tiefgeschoss – man mag es nicht glauben – einen Aldi-Markt. Tipp für Eisesser: Im 1. OG gibt es wohl das beste Eis der Stadt, zumindest schmeckt es ganz hervorragend.

Während also Investoren und Architekturkenner, Caféhaus- und Musicalbesucher mit dem neuen Potsdamer Platz rundweg glücklich sind, hat nur die Spielbank Sorgen: Die Kundschaft wollte offenbar den Umzug vom heruntergekommenen Europa-Center ins neue megaschicke Gebäude neben dem Musicaltheater wohl einfach nicht mitmachen.

POTSDAMER PLATZ
Mit Filmmuseum, IMAX und Muliplex-Kinos ein Muss für Cineasten

POTSDAMER PLATZ
Die Arkaden sind ein Mittelpunkt für Shopping und Kulinarisches

>Filmmuseum Berlin im Filmhaus (Sony Center)
>Potsdamer Straße 2
>Fon 30 09 03 0
>Fax 30 09 03 13
>www.filmmuseum-berlin.de

🚍 HALTESTELLE BUSLINIE 100
HAUS DER KULTUREN DER WELT

Kongresshalle – das „Haus der Kulturen der Welt"

Mit ihrer geschwungenen Dachkonstruktion auch für Auswärtige leicht zu erkennen: Die Kongresshalle, eines der Wahrzeichen der Stadt. Der Tourist weiß außerdem, dass der Berliner Volksmund das markante Bauwerk als „Schwangere Auster" bezeichnet.

In Wahrheit wird man kaum einen Einheimischen finden, der heute noch die alten Witze der Fremdenverkehrswerbung nachplappert, und als Kongresshalle dient das Gebäude auch nicht mehr. Ja, und genau genommen ist das, was heute hier am nordöstlichen Rand des Tiergartens die Aufmerksamkeit aller Architektur-Interessierten auf sich lenkt, noch nicht einmal die „alte" oder „ehemalige" Kongresshalle.

Aber der Reihe nach: Man schrieb das Jahr 1957, und das Wirtschaftswunder war mit entsprechender Verspätung auch in Berlin ausgebrochen. Aus den Kriegstrümmern waren im Zuge des Aufbauprogramms neue Häuser entstanden. Häuser allerdings, bei denen – der Not gehorchend – für Stil, Ästhetik und architektonischen Gestaltungswillen kein Platz war. Um diesem Mangel an Architektur und Gestaltung des Stadtbildes ein wenig abzuhelfen, wurde 1957 in Berlin die Internationale Bauausstellung veranstaltet, der die Stadt auch das berühmte Hansaviertel verdankt. Für die amerikanische Schutzmacht war das eine passende Gelegenheit, sich bei ihren tapferen Frontstädtern mit einem spektakulären Bauwerk – eben der Kongresshalle – für ihren Durchhaltewillen zu bedanken.

Am 2. September 1957 wurde die Kongresshalle, eine Aufsehen erregende Konstruktion des amerikanischen Avantgarde-Architekten Hugh Stubbins, mit internationaler Beteiligung und nach 14monatiger Bauzeit eingeweiht. Was von den

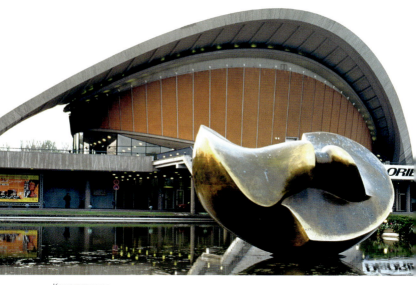

KONGRESSHALLE
Die „Schwangere Auster", Relikt der 50er-Jahre

seinerzeitigen Jubelberichten der Presse übrig blieb, war ein Begriff der „BZ", schon damals Hirn und Schnauze des ideellen Gesamtberliners, – nämlich die „schwangere Auster".

    Beim breiten Publikum fand der Entwurf des Walter-Gropius-Schülers wegen seiner kühnen Form Beachtung, in der Fachwelt wegen seiner damals noch neuen – und kaum erprobten – Bauweise. Das alles überwölbende Dach war als Spannbetonkonstruktion ausgeführt, es wurde von über tausend unter Spannung stehenden und in den Beton eingelassenen Stahlstreben in seiner Form gehalten. Jedenfalls solange, bis diese Stahlstreben durchgerostet waren. Das war am 2. Mai 1980 der Fall. Das Dach stürzte ein und begrub einen verspäteten Reporter, der zwischen den niedrigen Nierentischen im Foyer umhergegangen war, unter sich. Die Phantasie reicht kaum aus, sich vorzustellen, zu welch einer Katastrophe es gekommen wäre, hätte das Dach seinen Dienst während eines gutbesuchten Kongresses versagt. Diesmal war es die „taz", die als erste die Sprache wiederfand: „Schwangere Auster – niedergekommen", titelte das Blatt am nächsten Morgen.

Dem ersten Schock folgte Ratlosigkeit und eine jahrelange Debatte darüber, wie mit der Ruine zu verfahren sei. Das Gebäude war durch den Bau des neuen Internationalen Congress Centrums ohnehin seiner Funktion als Tagungsstätte beraubt worden. Doch seine Rolle als Symbol der deutsch-amerikanischen Freundschaft wog schwerer, und so rang sich der Senat schließlich dazu durch, die Kongresshalle erst fast bis auf die Grundmauern abzureißen und sie dann völlig neu, aber in exakt der alten Form, wiederaufzubauen. Diesmal ließ man sich sehr viel Zeit mit dem Bau, und man fertigte das Dach – hoffentlich! – nach einem verbesserten Verfahren.

Schließlich aber konnte der Neubau 1987, rechtzeitig zur 750-Jahr-Feier, eingeweiht werden. Bis heute versuchen immer wieder Besucher der Kongresshalle festzustellen, welche Teile neu und welche „original" sind. Geben Sie sich keine Mühe – fast alles, wenn es noch so authentisch aussieht, ist neu. Aber die Rekonstruktion ist so perfekt gelungen, dass man sich nicht wundern würde, hielte im nächsten Augenblick eine weiße Borgwardt-Isabella vor dem Portal, um eine junge Dame mit Petticoat zur neuesten Modenschau zu bringen.

Zurück ins Hier und Jetzt: Heute dient der Bau als kultureller Veranstaltungsort und heißt offiziell „Haus der Kulturen der Welt". Und er ist zu einem Zentrum nicht nur für Freunde des doppelten Genitivs, sondern auch für Liebhaber der kulturellen Ausdrucksweisen von Völkern der Dritten Welt geworden. Die Veranstaltungen sind allerdings sehr speziell, so dass der Normalverbraucher im prallen Programmheft schon lange suchen muss, um auf eine ihn interessierende Perle (um im Bild zu bleiben) zu stoßen. Aber auch wenn Sie sich nicht für die neuesten Kurzfilm-Produktionen aus Burkina-Faso interessieren, so lohnt doch zumindest die Besichtigung des Bauwerks (kostenlos).

An schönen Sommerabenden ist die große Terrasse, die auf der Rückseite der Halle zum Spreeufer hin gelegen ist, einer der angenehmsten Plätze der Stadt. Und wohl der einzig wirklich multikulturelle – wenn die Künstler aus aller exotischer

Welt hier gemeinsam mit den Konzertbesuchern beim Bier sitzen und zusehen, wie die untergehende Sonne das Kanzleramt ins Abendrot taucht.

>   Haus der Kulturen der Welt
>   John-Foster-Dulles-Allee 10
>   telefonische Programminformation 39 78 70
>   Vorverkauf und Kartenreservierung 39 78 71 75
>   www.hkw.de

Anlegestelle „Kongresshalle" der Ausflugsdampfer. Gelegen hinter der Kongresshalle am Spreeufer. Von Anfang Mai bis Ende September verschiedene Ausflugsfahrten der Weißen Flotte. Infos und Tickets im Pavillon am Anleger.

SPREEUFER
Mit der Weißen Flotte können Sie Berlin von der Wasserseite her erkunden

Carillon

"Was schenkt man einer Stadt, die schon alles hat?" – das fragte sich die Firma Daimler-Benz, als es darum ging, dem Geburtstagskind Berlin ein passendes Geschenk zum 750sten zu überreichen. Noch ein Tier für den Zoo – und die passende Messingtafel an den Gitterstäben, die über den edlen Spender informiert – kam für den Konzern nicht in Frage.

Nicht kleckern sondern klotzen – meinte man. Ging es doch darum, seine Verbundenheit mit der Stadt zu dokumentieren, über deren nächtlichem Firmament sich der weltgrößte schwäbische Stern auf dem Europa-Center dreht. Wie die Stuttgarter auf das Carillon kamen, ist bis heute unklar. Es geht aber das Gerücht, dass Amsterdamer Touristen, deren Heimatstadt selbst über ein entsprechendes Instrument verfügt, sich öfter in recht anmaßender Weise nach dem Standort eines solchen erkundigt hätten. Auf jeden Fall erinnern sich die Autobauer noch gut an das damalige Unverständnis der Beschenkten: „Carillon? Kenn wa nich, broochen wa nich".

Umso größer aber war die Begeisterung der Berliner, als der Glockenturm 1987 feierlich eingeweiht wurde. Zumal das aus 68 Glocken bestehende Glockenwerk mit 47,7 Tonnen Gewicht das „größte und schwerste Instrument seiner Art in Europa" ist. Was die Frage aufwirft, ob es denn in Europa Instrumente anderer Art gibt, die größer oder schwerer sind. Schade nur, dass das Berliner Carillon mit seinen 42 Metern Höhe nur das – die Experten streiten sich – dritthöchste oder vierthöchste „seiner Art" in Europa ist.

Jeden Sonntag finden auf dem Superlativ um 14 und um 18 Uhr Konzerte statt. Dann schlägt der Diplom-Carilloneur Jeffery Bossin fast eine Stunde lang mit geballten Fäusten auf die Tastatur ein. Zudem muss er eifrig die Pedale treten; und das erfordert einen Hebeldruck von bis zu acht Kilogramm. Anschließend beugt er sich schweißüberströmt vom Balkon seiner in 33 Meter Höhe angebrachten Kanzel, um den Applaus des Publikums entgegenzunehmen. Auch bei Regen werden ihm Ovationen dargebracht: Dann ertönt vom nahen Parkplatz der Kongresshalle ein Hupkonzert, denn die eingeweihten Carillonfans haben von hier aus in ihren Autos – und somit im Trockenen – dem Konzert gelauscht.

An Werktagen ertönt ebenfalls zweimal täglich das Carillon: Jeweils um 12 Uhr und um 18 Uhr kann man für zehn Minuten die gleiche eingängige Melodie hören. Allerdings werden Sie vergeblich auf die Verbeugung des Künstlers warten. Das Instrument wird dann nämlich von einem Automaten betrieben – und somit fast schon zu einem Glockenspiel degradiert. Das ist natürlich ein Sakrileg für alle Freunde des Instruments; und davon gibt es viele unter den Berlinern. Die antworten inzwischen gewohnt selbstbewusst, wenn sie mit fragender Miene von Amsterdamer Touristen angesprochen werden: „Carrillon?! Ham wa ooch, könn wa besser..."

CARILLON
Ein Ort für außergewöhnliche Konzerterlebnisse

Täglich außer sonntags 12 Uhr und 18 Uhr, 10minütige automatische Demonstrationskonzerte

Sonntags 14 Uhr und 18 Uhr Konzertveranstaltungen. Jeden ersten Sonntag im Monat im Anschluss an das 14 Uhr Konzert Turmbesteigung mit Führung

HALTESTELLE BUSLINIE 200
LEIPZIGER STRASSE/WILHELMSTRASSE

Museum für Kommunikation

Das berühmteste Exponat in diesem Museum ist gerade einmal so groß wie ein Daumennagel. Da drücken sich Väter und Söhne an der Vitrine die Nasen platt. Es handelt sich – richtig geraten – um die blaue Mauritius.

Das Museum für Kommunikation Berlin gilt als das älteste Postmuseum der Welt. Den Anstoß zur Gründung des Museums gab der Generalpostmeister Heinrich von Stephan. Seit seiner Eröffnung im Jahr 1898, in einem Gebäude mit prachtvoller Architektur, durchlief das Museum eine wechselvolle Geschichte. Während der Schließung im Zweiten Weltkrieg wurde der überwiegende Teil der Sammlung ausgelagert und bei Kriegsende nach Hessen gebracht, wo er den Grundstock für das „Bundespostmuseum" in Frankfurt bildete.

Elisabeth Schielzeth ⋮ Stadtführung Reisebegleitung

Kulturhistorische Führungen

- Erleben Sie die kulturelle Vielfalt Berlins und seiner Umgebung
- Genießen Sie die Kunstschätze in Museen und Galerien
- Entdecken Sie das Umland auf den Spuren Theodor Fontanes

„Wanderungen durch die Mark Brandenburg"

Individuelle Gestaltung
für Einzelpersonen und kleinere Gruppen
(auf Anfrage in Berlin auch rollstuhlgerecht)

Elisabeth Schielzeth M.A.

Parchimer Allee 55c
12359 Berlin

Tel.: 030 / 601 01 07
Fax: 030 / 601 21 06
Funk: 0173 / 23 23 525

e-mail: info@stadtfuehrungenberlin.de
www.stadtfuehrungenberlin.de

Kunst ⋮ Geschichte ⋮ Literatur

Das Gebäude in Ostberlin wurde 1958 behelfsmäßig instand gesetzt und als Postmuseum eröffnet. Westberlin eröffnete 1966 das „Berliner Post- und Fernmeldemuseum" in der Urania. Die Wiedervereinigung im Jahr 1989 brachte auch für die Museen eine Wende: Seit März 2000 sind die beiden Berliner Museen wieder an einem Standort vereint.

Nach der umfassenden Renovierung von 1996 bis 2000 präsentiert das Museum auch eine neue, auf das Gebäude maßgeschneiderte Dauerausstellung. Der Lichthof und die Kommunikationsgalerie laden die Museumsgäste ein, selbst zu kommunizieren. Interaktive Exponate bieten die Möglichkeit, verschiedene Kommunikationstechniken auszuprobieren und die Grundlagen der Kommunikation durch eigene Erfahrungen zu erkunden. Die multimedialen Themengalerien im ersten und zweiten Obergeschoss führen in zentrale Fragen der Kommunikationsgeschichte ein. Die Sammlungssäle erweitern diese Themen um technische und historische Aspekte. Im zweiten Obergeschoss befindet sich auch die Computergalerie, in der das Publikum den Umgang mit dem Computer als Werkzeug spielerisch erproben kann: beim Schreiben und Zeichnen, beim Chatten und Surfen sowie beim Sammeln von Informationen.

Im Untergeschoss befindet sich die Schatzkammer: Mehrere Stationen erzählen dort in geheimnisvoller Atmosphäre Geschichten zu den berühmtesten und kostbarsten Exponaten des Museums. Dazu gehören unter anderem der mit den Kosmonauten ins All gereiste „Kosmos-Stempel", die ersten Telefonapparate von Philipp Reis und die berühmtesten Briefmarken der Welt, die Blaue und die Rote Mauritius.

Das Museum wird von einer gemeinsamen Stiftung der Deutschen Post und der Deutschen Telekom betrieben. Der Eintritt ist frei.

> Leipziger Straße 16
> Fon 20 29 40, Fax 20 29 41 11
> www.museumsstiftung.de

HALTESTELLE BUSLINIE 100
PLATZ DER REPUBLIK

Reichstagsgebäude

Geschichte wird gemacht. Der Reichstag ist Symbol der deutschen Vergangenheit, Gegenwart und Zukunft wie kein anderes Bauwerk im Lande.

Das Reichstagsgebäude hat außer der Fassade nichts mehr mit dem historischen Reichstag gemein. Die Baumeister des neuen Deutschland haben den Bau vollständig „entkernt", um in seinem Innern eine hypermoderne Parlamentsmaschine zu installieren. Denkmalpfleger sprechen daher auch verächtlich von einem „Potemkinschen Reichstag".

Ein Blick zurück: Mit der Proklamation des Deutschen Kaiserreiches am 18. April 1871 war Berlin zur Reichshaupt-

Reichstagsgebäude
Die begehbare Glaskuppel – 23 m hoch und mit 40 m Durchmesser

stadt geworden. Das Parlament, also der Reichstag, der vorher provisorisch in der Leipziger Straße in einem Gebäude der Königlichen Porzellan-Manufaktur Quartier bezogen hatte, brauchte nun ein größeres und repräsentatives Domizil. Mit dem Auftrag zum Bau des Reichstagsgebäudes wurde der Architekt Paul Wallot betraut. Im Jahre 1884 legte der Kaiser persönlich den Grundstein für ein Bauwerk im Stil eines wuchtigen Neorenaissancepalastes. Die Baukosten von 30 Millionen Mark wurden aus der französischen Kriegsentschädigung bezahlt.

Schon während der Bauzeit dieses ersten Reichtagsgebäudes kam es zu politischem Streit, weil Kaiser Wilhelm II. darauf bestand, dass die Kuppel des Reichstags niedriger blieb als die seines Berliner Schlosses. Wallot fügte sich zähneknirschend. „Willem Zwo" mochte sich sowieso nie mit dem steingewordenen Symbol der parlamentarischen Demokratie anfreunden. „Reichsaffenhaus" schmähte es der Monarch und verhinderte auch noch, dass die schon bei der Planung vorgesehene Inschrift „Dem deutschen Volke" am Giebel angebracht wurde; dazu sollte es erst 1916 kommen.

Schließlich aber wurde am 5. Dezember 1894 der 137 Meter lange und fast hundert Meter breite Prachtbau nördlich des Brandenburger Tores eingeweiht, und die deutsche Geschichte nahm ihren Lauf. Der Sozialdemokrat Philipp Scheidemann proklamierte am 9. November 1918 von einem Fenster des Reichstagsgebäude aus die Republik.

Das nächste historische Datum ist der 27. Februar 1933. Am Abend dieses Tages stand das Reichstagsgebäude in Flammen. Das Ereignis, das als „Reichtagsbrand" Eingang in die Geschichtsbücher fand, ist bis zum heutigen Tag weder kriminalistisch noch historisch aufgeklärt. Der Vorwurf der Nazis von einem Komplott der Kommunistischen Partei, die das Gebäude hätte in Brand stecken lassen, wurde mit dem Freispruch der Angeklagten Dimitroff und Torgler durch das Leipziger Reichsgericht im Dezember 1933 abgeschmettert. Allerdings erging gegen den ebenfalls angeklagten Holländer

Marinus van der Lubbe, Mitglied einer kruden Anarchosekte, das Todesurteil. Die vor allem von kommunistischer Seite vertretene These, die Nazis hätten das Feuer selbst gelegt, ist nicht bewiesen.

Die Alleintäterschaft van der Lubbes wurde 1980 gerichtlich abgewiesen. Ein Jahr später aber wurde dieses Urteil wiederum aufgehoben, und viele Historiker sehen heute in dem jungen Anarchisten den tatsächlichen Brandstifter.

Der Reichstagbrand hätte aber niemals solch epochale Bedeutung erlangt, hätte das Feuer nicht so einschneidende politische Folgen nach sich gezogen: Er war Anlass für die „Notverordnung zum Schutz von Volk und Staat" vom 28. Februar 1933, mit der die Grundrechte der Weimarer Verfassung aufgehoben wurden, und die Hitler und seinen Männern die Gelegenheit bot, noch vor der bevorstehenden Reichstagswahl am 5. Mai ihre politischen Gegner weitgehend auszuschalten.

Die Nazis schwangen sich zur Herrschaft über Deutschland auf, und weil sie mit Deutschland nicht genug hatten, dauerte diese Herrschaft nicht die vorgesehenen tausend Jahre. Am 30. April 1945 hissten zwei Rotarmisten zum Zeichen des Sieges über den deutschen Faschismus die Sowjetfahne auf den Ruinen des Reichstages.

Viele Jahre wussten die Deutschen nicht, was sie mit der geschichtsträchtigen Ruine anstellen sollten. Im Jahre 1957 endlich hatte man sich entschlossen, das Gebäude wieder herzurichten, um den Bonner Parlamentariern einen würdigen Tagungsort zu bieten, wenn sie pflichtschuldigst ihre Verbundenheit mit Westberlin zum Ausdruck brachten, indem sie hier regelmäßig einige Sitzungen abhielten. Bis 1972 wurde gebaut und rekonstruiert, dann war ein funktionsfähiges, modernes Parlamentsgebäude entstanden. Auf die charakteristische Kuppel wurde aus Kostengründen verzichtet.

Am 4. Oktober 1990 fand im Plenarsaal des Reichstages die erste Sitzung des gesamtdeutschen Parlaments (mit den bisherigen Abgeordneten von Bundestag und Volkskammer) und am 17. Januar 1991 die konstituierende Sitzung des am 2. Dezember 1990 gewählten gesamtdeutschen Bundestages statt. Eigentlich hätten die Parlamentarier gleich in Berlin bleiben können, denn ein funktionsfähiges Parlamentsgebäude hatten sie hier ja. Und dass Berlin wie selbstverständlich die Hauptstadt eines vereinten Deutschland sein müsse, war vierzig Jahre Konsens. Als allerdings der Ernstfall eingetreten war, wehrten sich Regierung und Volksvertreter mit Händen und Füßen, ihre rheinische Provinzidylle zu verlassen. Eines ihrer Argumente, um den Umzug so lange wie möglich hinauszuzögern, war der ihren Ansprüchen nicht genügende Zustand des Reichstagsgebäudes. Es wurde also nach langem Hin und Her beschlossen, den Reichstag abzureißen – bis auf die historische Fassade – und an seiner Stelle ein völlig neues Parlamentsgebäude zu errichten.

Bevor Ende 1995 die Abrissbirne geschwungen wurde, ließ sich der Bundestag sein ungeliebtes Bauobjekt noch kurz einpacken. Die Verhüllungsaktion des bekannten amerikanischen Verpackungskünstlers Christo – er hatte seit vielen Jahren von dieser Aktion geträumt und bei den Parlamentariern immer wieder dafür geworben – brachte das Gebäude noch einmal international ins Gespräch. Die spektakuläre Aktion war ein voller Erfolg und der „wrapped Reichstag" für einen kurzen Sommer ein Besuchermagnet.

Nach Christos Intermezzo übernahm der Stararchitekt Norman Foster – Pardon, Sir Norman Foster – die weitere Verantwortung für den Reichstag. Auffallendstes Merkmal seines Neubaus ist die riesige Glaskuppel, die mit 23 m Höhe und 40 m Durchmesser eine faszinierende begehbare Glaskonstruktion ist. Seit 1999 sitzt nun der Deutsche Bundestag im Reichstagsgebäude. Das touristische Highlight ist die Kuppel, die täglich von den Bürgern besucht werden kann. Ihre Verglasung (3000 qm) besteht aus 17 übereinander liegenden Reihen von Glasscheiben (24 mm stark) mit jeweils 24 Scheiben. Die einzelnen Reihen sind dabei schuppenartig angeordnet.

Bei günstigen Lichtverhältnissen kann man den 603 – mal mehr, mal weniger – Parlamentariern von der Kuppel aus über die Schulter schauen. Aber auch ein Blick aus der Kuppel nach draußen lohnt: Man hat einen guten Blick über den Tiergarten, das Regierungsviertel, auf das Brandenburger Tor und auf den Potsdamer Platz.

Bedenken Sie jedoch, dass sich tagsüber oft eine sehr lange Schlange vor dem Reichstag bildet. Um nicht unnötig Zeit mit Warten zu verbringen, empfiehlt es sich, entweder ganz früh oder am frühen Abend vorbeizukommen.

Glaskuppel auf dem Reichstag
Platz der Republik 1
Eintritt wird nicht erhoben
Bis 22 Uhr geöffnet

Spreebogen

Nördlich des Reichstages liegt das Gebiet des so genannten Spreebogens. Der Spreebogen war früher ein Gewerbegebiet mit alten Backsteingebäuden. Heute haben in diesem Areal zahlreiche Ministerien ihren Sitz.

Denn hier entstand das „Band des Bundes", das sich wie eine Spange über den Spreebogen legt und zu beiden Seiten über den Fluss hinausgreift. Es umfasst – von Westen nach Osten – den „Kanzlerpark" auf der rechten Spreeseite, das Kanzleramt, einen großen, Forum genannten Freiplatz und das Paul-Löbe-Haus mit Büros für die Parlamentarier sowie – wieder am rechten Flussufer – das Marie-Elisabeth-Lüders-Haus, in dem u.a. die Parlamentsbibliothek untergebracht ist.

Nördlich vom Löbe-Haus ist nach Plänen des Wiener Architekten Gustav Peichl eine futuristisch anmutende Tagesstätte für die Kinder der Bundestagsmitarbeiter entstanden. Die elegante Kronprinzenbrücke, entworfen vom Spanier Santiago Calatrava, führt hinüber zum Haus der Bundespressekonferenz

BUNDESKANZLERAMT
Spektakuläre Architektur am Spreebogen

mit seiner markanten Fassade. Östlich des Reichstages entstand beiderseits der Dorotheenstraße der Baukomplex des Jakob-Kaiser-Hauses. Fünf Architekturbüros haben hier unter Einbeziehung dreier Altbauten die Kleinteiligkeit des ehemaligen Dorotheenviertels wiederaufleben lassen.

Die Bebauung des Spreebogens nach dem Masterplan der Berliner Architekten Axel Schultes und Charlotte Frank wird von einigen Experten als Geniestreich betrachtet. Mit dem Band des Bundes erhalte der Tiergarten endlich wieder eine akzentuierte nördliche Rahmung, wo er früher nur ausfranste. Manche Steuerzahler meinen allerdings, die teilweise recht monumental gestalteten Regierungsbauwerke sollten vor allem zeigen, dass Berlin wieder die Hauptstadt von Deutschland ist, gemauerte Macht eben. Durch die vielen Grünflächen und den benachbarten Tiergarten wirkt das Areal dennoch sehr natürlich und attraktiv.

HALTESTELLE BUSLINIEN 100 UND 200
S-BAHNHOF UNTER DEN LINDEN

Brandenburger Tor

„Macht das Tor auf!" – Jahrzehntelang erscholl diese Forderung. Heute ist das Brandenburger Tor offen – und damit ist es das Symbol der deutschen Einheit.

Wenn vom Brandenburger Tor die Rede ist, wird wohl kaum jemand an den architekturhistorischen Wert des Bauwerkes denken. Im Vordergrund wird immer die Symbolkraft stehen: ein Tor, lange Zeit versperrt und jetzt aufgestoßen, um ein Volk wieder zu einen. Kann es überhaupt ein Bauwerk zu mehr emotionaler Bedeutung für eine ganze Nation bringen?

Dabei ist der architekturhistorische Wert des Brandenburger Tores durchaus erheblich. So sei diesem Aspekt des Baues zunächst Aufmerksamkeit gewidmet. Vielen Kennern gilt er als die schönste und größte Schöpfung des deutschen Klassizismus schlechthin. Zumindest ist er das Hauptwerk des Architekten Carl Gotthard Langhans. In den Jahren von 1788

Brandenburger Tor
Prachtvoller Abschluss des Boulevards Unter den Linden

bis 1791 errichtet, ist das Tor auch eines der frühesten Monumental-Bauwerke seiner Art. Es erinnert an den prunkvollen Eingangsbereich – den Propyläen – der Athener Akropolis. Gleichzeitig aber nahm Langhans ein typisches Merkmal römischer Prachtbauten auf: die Quadriga, einen vierspännigen Triumphwagen.

Das Brandenburger Tor diente zwar einst tatsächlich als Stadttor, sollte aber vor allem einen prachtvollen Abschluss des Boulevards Unter den Linden bilden. Am 6. August 1791 wurde der 65 Meter breite und samt Quadriga 26 Meter hohe Bau – nein, nicht etwa mit großem Pomp eingeweiht, sondern ohne besonderen Festakt und in Abwesenheit des Königs einfach nur für den Verkehr freigegeben.

Möglicherweise ist der Grund in dem etwas bizarren Streit zu sehen, der um die Quadriga, genauer um deren Wagenlenkerin entbrannt war. Ursprünglich lenkte die griechische Friedensgöttin Eirene das Gefährt, denn Langhans hatte das Brandenburger Tor als „Tor des Friedens" konzipiert. Die Quadriga und den plastischen Schmuck des Baues verdanken wir der kreativen Kraft des Bildhauers Johann Gottfried Schadow. Schadow lieferte die Quadriga-Entwürfe, nach denen der Potsdamer Kupferschmied Ernst Jury das kupferne Kunstwerk anfertigen sollte. Hatte Schadow für seine Entwürfe intensive Naturstudien an Pferden betrieben und präzise Vorgaben für das vierköpfige Gespann geliefert, so waren seine Zeichnungen für die Wagenlenkerin nur skizzenhaft geblieben. Jury musste sich für die Gestaltung der Göttin daher ein lebendes Modell suchen. Er fand es in seiner Berliner Nichte Ulrike Jury. Den antiken Vorbildern entsprechend lenkte die Friedensgöttin ihr Fahrzeug nackt. Das aber stieß auf den heftigen Widerspruch Friedrich Wilhelms II., und so musste Jury seine Plastik mehrfach umarbeiten, bis sie schließlich von einem langen Gewand fast völlig verhüllt war.

Auf ihrem Platz blieb sie bis 1806. Dann siegte Napoleon in der Schlacht bei Jena und Auerstedt. Am 27. Oktober 1806 ritt der Sieger durch das Brandenburger Tor und besetzte Berlin.

BRANDENBURGER TOR
Die Quadriga-Entwürfe lieferte Johann Gottfried Schadow

Napoleon ließ die Quadriga demontieren, in zwölf riesige Kisten packen und als Renommierbeute nach Paris verschleppen. Nach den Befreiungskriegen, mit der französischen Niederlage in der Völkerschlacht bei Leipzig im Jahre 1813, sorgte General Blücher dann dafür, dass die Beutekunst nach Berlin zurückkehrte und am 14. August 1814 unter dem frenetischen Jubel der Bevölkerung wieder ihren angestammten Platz auf dem Brandenburger Tor einnahm. In Erinnerung an den Sieg über die Franzosen hatte man die Wagenlenkerin mit Eisernem Kreuz, Lorbeerkranz und preußischem Adler geschmückt – unversehens war aus einer Friedensgöttin Eirene eine Siegesgöttin Viktoria geworden.

Ein Marsch durchs Brandenburger Tor markierte in vielen Epochen der deutschen Geschichte einen historischen Einschnitt: ob Triumphzüge der Preußen nach gewonnenen Schlachten, ob Manifestation bei der Gründung des Deutschen Reiches oder als die Berliner Garnison durch das Tor in den Ersten Weltkrieg zog. Am 30. Januar 1933 marschierte die SA mit einem großen Fackelzug durch das Brandenburger Tor, um Hitlers Machtübernahme zu feiern.

Im Jahre 1945 war das Brandenburger Tor stark beschädigt, die Quadriga zerstört. In Westberlin aber hatte ein Gipsabguss, den die Nazis 1942 – offenbar in einem kurzen Aufflackern von Hellsichtigkeit – vorsichtshalber von der Plastik hatten abnehmen lassen, die Kriegswirren überstanden. So kam

es 1957 zum einzigen Aufbauprojekt, bei dem Ost und West –
wenngleich notgedrungen – zusammenarbeiteten. Die in Westberlin gegossene neue Quadriga nahm den Platz der alten auf
dem zum Ostberliner Gebiet gehörenden Brandenburger Tor ein.
Zuvor allerdings nahmen die DDR-Oberen der Viktoria das
Eiserne Kreuz und den Preußenadler wieder aus der Hand. Der
Westen hatte auf diese nachträglich angefügten Symbole des
preußischen Militarismus nicht verzichten mögen. Doch zur
Friedensstifterin – zumal zwischen Ost und West – wurde die
Dame dadurch nicht.

"Macht das Tor auf!" erscholl nach dem Mauerbau die
Forderung von westlicher Seite, und auch Ronald Reagan rief in
einer spontanen Aufwallung von Berlinverbundenheit über die
Mauer: „Open this gate, Mr. Gorbatschow!". Tatsächlich sollte
das Tor – endlich, endlich! – am 16. November 1989 durch die
in Auflösung begriffene DDR feierlich geöffnet werden. Für diesen Tag nämlich hatten sich der deutsche Außenminister
Genscher und der britische Außenminister Hurt in Berlin verabredet. Doch es sollte nicht dazu kommen, denn der eifersüchtige damalige Bundeskanzler intervenierte und ließ die Öffnung
des Brandenburger Tores um fünf Wochen bis zu seinem
Berlinbesuch am 22. Dezember hinausschieben.

Heute erstrahlt nicht nur das Tor wieder im alten Glanz,
auch die Gestaltung des Pariser Platzes, des Platzes vor dem
Brandenburger Tor, nach historischem Vorbild ist nach jahrelangen Querelen um die Öffnung bzw. Schließung des Tores für
den Autoverkehr abgeschlossen. Bei der Bebauung rund um
den Pariser Platz hat man sich an historischen Vorbildern orientiert. Bekanntestes Gebäude ist sicher das Hotel Adlon. In den
übrigen Bauten haben meist Banken repräsentatives Quartier
bezogen, doch blieb auch noch Platz für ein gediegenes Restaurant: Das Tucher, das auch beim Bundeskanzler Schröder beliebt
ist. Schließlich führte er schon George W. Bush hierhin aus.

In einem kleinen Seitenflügel des Brandenburger Tores,
der früher als Wachhäuschen diente, ist ein Büro der Touristen-Information untergebracht.

HALTESTELLE BUSLINIEN 100 UND 200 UNTER DEN LINDEN/ FRIEDRICHSTRASSE

Strasse Unter den Linden

Vom staubigen Reitweg zum glitzernden Prachtboulevard – keine schlechte Karriere für eine Straße.

Genau 352 Silberlinden säumen heute die berühmte Prachtstraße Unter den Linden. Nicht viel im Vergleich zu den einstmals Tausend Linden und Tausend Walnussbäumen, die der Große Kurfürst, Friedrich Wilhelm, 1648 anpflanzen ließ. Inzwischen glauben die Historiker allerdings zu wissen, dass die Allee ihre Existenz nicht dem Kurfürsten verdankt, sondern dem Fürsten Moritz von Nassau-Siegen.

Die These: Als der noch junge Friedrich Wilhelm 1640 das brandenburgische Zepter übernahm, musste er ein grausam verwüstetes Land regieren; der Dreißigjährige Krieg hatte allzu deutlich seine Spuren hinterlassen. Das verwüstete und verwahrloste Berlin hatte mit 6000 Seelen nur noch halb so viele Einwohner wie vor dem Krieg. Wen wundert es da, wenn der

Unter den Linden
Flanieren von der Schlossbrücke zum Pariser Platz

Kurfürst nach seiner Heirat mit Henriette von Oranien ab 1646 seine Mark erst einmal vom blühenden Kleve aus regierte, der prachtvollen Residenz seines Statthalters Moritz von Nassau-Siegen. Der kunstsinnige Fürst beriet seinen Gast bei der Neugestaltung des daniederliegenden Berlin. Bei der prächtigen Ausgestaltung des vom Schloss in den Tiergarten führenden Reit- und Jagdweges griff Moritz von Nassau-Siegen auf holländische Vorbilder zurück.

Sechs Reihen Nussbäume und Linden zierten die folgenden Jahre den Weg von der heutigen Schlossbrücke zur heutigen Schadowstraße, dem damaligen Anfang des Tiergartens. Leider gingen die Walnussbäume trotz der von Friedrich Wilhelm angeordneten Maßnahmen – der Kurfürst wusste ob der schlechten Bodenqualität seines märkischen Sandbodens – bald wieder ein. Der Name „Unter den Walnussbäumen und den Linden" würde allerdings auch das Straßenschild sprengen.

In ihrer Anfangszeit wirkte die prächtige Allee etwas deplatziert zwischen den sandigen Äckern und Kuhkoppeln. Nachdem 1734 der Pariser Platz angelegt worden war und erste Palais hier erbaut worden waren, entwickelte sich allmählich auch der alte kurfürstliche Reitweg, der damals Neustädtische Allee hieß. Um 1800 war es ein beliebtes Freizeitvergnügen der Berliner, hier zu promenieren, und es siedelten sich entlang der Linden Kaufleute, Beamte des Hofes und hohe Militärs an. Nach der Reichsgründung setzte ein regelrechter Boom ein: Banken und Büros, Cafés und vornehme Geschäfte, aber auch Kuriositätenkabinette und andere Amüsierbetriebe machen die Straße um die Jahrhundertwende zu einem pulsierenden Boulevard.

Heute ist die Straße wieder recht prächtig, und es herrscht hier fast so viel Leben wie einst – und wie heute noch am Ku'damm. Besonders schön ist der Mittelstreifen, auf dem man im Gegensatz zum Ku'damm nicht parken, sondern unter Linden flanieren – oder sogar Kaffeetrinken kann. Nämlich auf dem Abschnitt gegenüber dem Café Einstein, in dem sich auch Joschka Fischer bisweilen blicken lässt.

Friedrichstrasse

Die deutsche Schicksalsstraße des 20. Jahrhunderts, die Friedrichstraße, kreuzt die Straße Unter den Linden auf halber Strecke. Ein Bummel über die Friedrichstraße, die sich mittlerweile als Einkaufsmeile etablieren konnte, lohnt sich allemal.

Die fast dreieinhalb Kilometer lange Friedrichstraße verläuft in Nord-Süd-Richtung vom Oranienburger Tor im Bezirk Mitte zum Mehringplatz in Kreuzberg. Bis zur Wende wurde sie an der Zimmerstraße, der Grenze zwischen den Bezirken, von der Mauer, die eine Grenze zwischen den Welten darstellte, durchschnitten. An dieser Schnittstelle befand sich der legendäre alliierte Kontrollpunkt zwischen amerikanischem und sowjetischem Sektor, der Checkpoint Charlie. Hier erzählt jetzt das „Mauermuseum Haus am Checkpoint Charlie" von der Geschichte und den Geschehnissen der Jahrzehnte zwischen 1961 und 1988.

Ursprünglich diente die Friedrichstraße den königlichen Truppen als Marschverbindung zwischen dem Schloss und dem Exerzierplatz auf dem Tempelhofer Feld. Vor 120 Jahren erlebte die Magistrale nach der Reichsgründung eine enorme Boomphase. Seit 1896 fuhr hier die erste elektrische Straßenbahn der

Friedrichstrasse
Am Checkpoint Charlie – Erinnerungen an die Zeit der Trennung

FRIEDRICHSTRASSE
Friedrichstadtpalast und Galeries Lafayette

Stadt. Im kaiserlichen Berlin wurde die Friedrichstraße so zur bedeutendsten Geschäfts- und vor allem Vergnügungsstraße der Reichshauptstadt. Um die Jahrhundertwende war sie die glanzvolle Verkehrsachse zwischen Theater- und Bankenviertel und zwischen Regierungs- und Presseviertel. Noble Hotels, Banken, Operettenhäuser, Revuepaläste und Luxusgeschäfte prägten das Bild der Straße. Nach 1918 musste die kaiserliche Friedrichstraße ihren Rang an den aufstrebenden republikanischen Kurfürstendamm abtreten. Die Friedrichstraße wandelte sich zum Dorado der Lebewelt.

Der große amerikanische Luftangriff vom 3. Februar 1945, der das Zentrum Berlins zerstörte, verschonte auch die Friedrichstraße nicht. Die Teilung Berlins ließ die Gegend beiderseits der Mauer zum innerstädtischen Zonenrandgebiet verkommen.

Nach der Maueröffnung begann das zweite Leben der Friedrichstraße. Ein unvergleichlicher Bauboom setzte ein, und jeder Spekulant wollte sich ein Stück vom großen Metropolenkuchen abschneiden. Heute sind die meisten Luxusbauten fertig, stehen aber vielfach leer. Inzwischen aber geht es bergauf mit der Friedrichstraße, besonders seit das französische Edelkaufhaus Galeries Lafayette hier eine Dependance eröffnet hat. Das Lafayette ist schon wegen seiner Architektur einen Besuch wert. Im Innern des Gebäudes erstreckt sich ein riesiger Glaskegel über mehrere Etagen.

🚌 HALTESTELLE BUSLINIEN 100 UND 200 STAATSOPER

Deutsche Staatsoper

Hier wurde Musikgeschichte und Architekturgeschichte gleichermaßen geschrieben. Eigentlich ein Wunder, denn der Bau sollte schon in halbfertigem Zustand wieder abgerissen werden.

Die abenteuerlichste Phase ihrer Geschichte erlebte die Deutsche Staatsoper während ihrer Bauzeit. Bereits unmittelbar nach seiner Thronbesteigung 1740 hatte Preußenkönig Friedrich II., den man später den Alten Fritz nennen sollte, seinen Freund und Baumeister Georg Wenzeslaus von Knobelsdorff beauftragt, mit dem Bau eines „Forum Fridericianum" zu beginnen. Schließlich hatte Friedrich schon als Kronprinz lauthals verkündet: „Berlin muss die Theaterstadt Europas werden!". Um den nötigen Raum für den Musentempel zu schaffen, wurde extra ein alter Festungsgraben verlegt. Trotzdem drang immer wieder Wasser in die Baugrube ein und hemmte den Fortgang der Arbeiten.

Friedrich war zwischenzeitlich damit beschäftigt, Schlesien zu überfallen und das eroberte Land gegen die anrückenden Truppen der ursprünglichen Besitzerin Maria Theresia zu verteidigen. Der ehrgeizige Theaterbau verzögerte sich immer mehr, und der halbfertige Bau drohte schließlich sogar einzustürzen, denn von Knobelsdorff war gezwungen, wegen des akuten Geldmangels nur noch Billigmaterialien einzusetzen. Erst als der für den Bau zuständige Minister Happe seinem königlichen Bauherrn ins schlesische Feldlager schrieb und bat, die Bauruine der Oper abreißen zu dürfen, erwachte in Friedrich wieder der kulturbeflissene Schöngeist. Er leitete sofort die für den Ausbau der pommerschen und neumärkischen Landstriche bestimmten Gelder zum Weiterbau des Opernhauses um. Schon damals scheiterte der Aufbau Ost, um dem neidischen Rest Europas die Hauptstadt Berlin als Metropole präsentieren zu können.

Zwar verlief der Opernbau nicht so zügig, wie es sich Friedrich gewünscht hatte, doch hinderte es ihn nicht, schon 1742 Emissäre in Europas Metropolen auszusenden, um seinen „Apollotempel" als „neuesten, längsten und breitesten Theaterbau aller Zeiten" preisen zu lassen. Am 7. Dezember 1742 war es endlich so weit: Friedrich der Große hatte die Hautevolee der preußischen Residenz zur Oper „Cleopatra e Cesare" geladen. Großzügig übersah das Publikum, dass dem Bau immer noch der letzte Schliff fehlte. So nahm es statt auf bequemen Stühlen auf rasch herbeigeschafften Wirtshausbänken Platz. Bei allen Widrigkeiten konnte die Oper doch eines für sich in Anspruch nehmen: Es war der erste Theaterbau, der nicht in eine Schlossanlage integriert war.

Ach ja, die Musikgeschichte: Alban Bergs „Wozzeck" erlebte in der Deutschen Oper seine Premiere, es dirigierten so berühmte Meister wie Giacomo Meyerbeer, Richard Strauss und Herbert von Karajan. Und dass Enrico Caruso hier die Berliner zu Begeisterungsstürmen hinriss, ist eher unspektakulär.

Zum Schluss eine Anekdote, die beweist, wie sehr Musikgenuss vom persönlichen Geschmack abhängt: Nach einer Opernaufführung, die ganz den besonderen Wünschen Friedrichs II. angepasst war, schrieb Voltaire an seine Nichte: „Ich habe noch nie etwas so flaches in einem so schönen Saal gesehen. Das wirkte wie ein griechischer Tempel, in dem man Tatarenwerke aufführt!"

Unter den Linden 7
Kartenbestellungen 20 35 45 55
www.staatsoper-berlin.org

An der Ostseite der Oper, bei unserer Fahrt mit dem 100er also hinter der Oper, lädt das schon zu DDR-Zeiten berühmte Operncafé zu einem Besuch. Es ist in einem originalgetreuen Nachbau des ehemaligen Prinzessinnen-Palais, in dem die drei Töchter von Friedrich Wilhelm III. einst wohnten, untergebracht. Der zweigeschossige Barockbau ist durch einen Brückenbogen mit dem benachbarten Kronprinzenpalais verbunden.

Deutsches Historisches Museum im Zeughaus

Wer am Geschichtsunterricht Spaß hatte, kommt hier auf seine Kosten. Im Deutschen Historischen Museum, dem ehemaligen Berliner Waffenarsenal, gibt es jedenfalls „eine volle Breitseite" an historischer Unterweisung.

Das ehemalige Zeughaus gilt den Architekturhistorikern als der erste Großbau Berlins. Erbaut in den Jahren 1695 bis 1706 von Johann Arnold Nering und Andreas Schüler, diente das Gebäude bis 1877 als Waffenarsenal. Die Magazine fassten 150.000 Geschütze, unzählige Kanonen und Mörser, Bomben und Kanonenkugeln, aber auch Rüst- und Pulverwagen, Trommeln, Harnische und Helme und was sonst noch damals zum Kriegführen für unverzichtbar erachtet wurde. Das Zeughaus war das mit Abstand größte Waffendepot Brandenburg-Preußens. Schon bald nach seiner Einweihung erfuhr das Arsenal eine nationale Aufwertung als Ruhmes- und Ausstellungshalle für Kriegstrophäen. Militärische Stärke und militärischer Ruhm gingen unter dem Dach des Zeughauses ein 200 Jahre währendes Bündnis ein.

Unabhängig von seiner Funktion galt das Zeughaus zu seiner Zeit als eines der schönsten Bauwerke Europas. Ausschlaggebend für dieses Urteil war die Kombination aus klassizistischer Strenge und barocker Schönheit, mit der Nering offenbar

ZEUGHAUS
Der erste Großbau Berlins, davor die Schlossbrücke

den Zeitgeschmack genau traf. So bewundern wir noch heute unbefangen die reich gegliederte Fassade, üppig geschmückt mit Gesimsen, Balustraden und Sandsteinplastiken. Im Innenhof verborgen finden sich die 22 „Masken sterbender Krieger" von Andreas Schlüter, die als ein Hauptwerk europäischer Barockskulptur gelten. Mit anklagender und ergreifender Ausdruckskraft symbolisieren die Sklavenskulpturen die verheerenden Resultate des Krieges und durften eben deshalb nicht die das Kriegshandwerk verherrlichende Fassade des „Marstempels" schmücken (also stören). So war zumindest die verklärendromantische Betrachtungsweise des 19. Jahrhunderts.

Noch eine geschichtlich bedeutsame Jahreszahl, die hier genannt sein muss: 1848 stürmten Berliner Handwerker das Zeughaus und bewaffneten sich für den Kampf um mehr Demokratie.

Bis 1990 war im Zeughaus das 1952 gegründete Museum für Deutsche Geschichte, das als das führende historische Museum der DDR galt, untergebracht. Die DDR-Sicht auf die deutsche Geschichte ist mittlerweile selbst schon Forschungs- und Ausstellungsgegenstand der Historiker. Nach der Wende wurde im Zeughaus das Deutsche Historische Museum eingerichtet – und die Geschichte unter anderem Blickwinkel betrachtet. Aber auch diese Ausstellung ist schon wieder Vergangenheit, denn das Zeughaus wird zur Zeit aufwändig umgestaltet und ist ab 2005 mit einer neuen und noch größeren Schau wieder zu besuchen. Sehenswert ist der moderne, schon jetzt geöffnete Ergänzungsbau, der an der Straße Hinter dem Gießhaus liegt. Der Entwurf des berühmten amerikanisch-chinesischen Architekten I. M. Pei weist als markantes architektonisches Detail eine übergroße, durchsichtige Spindel aus Glas auf. Der Pei-Bau, wie er schon bald genannt wurde – obwohl es sich eher um einen Anbau handelt –, dient dem Deutschen Historischen Museum als Haus für Wechselausstellungen.

    Unter den Linden 2
    Infotelefon 20 30 40
    www.dhm.de

🚌 HALTESTELLE BUSLINIEN 100 UND 200 LUSTGARTEN

MUSEUMSINSEL UND LUSTGARTEN

Eine ganze Insel voller Kultur, ja sogar Weltkultur: Zwischen Spree und Kupfergraben liegt die weltberühmte Museumsinsel, mittlerweile von der UNESCO zum „Welterbe der Menschheit" ernannt.

Die Gebäude auf der Museumsinsel beherbergen die archäologischen Sammlungen und die Kunst des 19. Jahrhunderts der Stiftung Staatliche Museen Preußischer Kulturbesitz.

Ausgangspunkt des zahlreiche Bauten umfassenden Ensembles war die Fertigstellung des nach Plänen von Schinkel erbauten Alten Museums im Jahre 1830. König Friedrich Wilhelm III. machte in diesem ältesten Berliner Museumsgebäude Kunstschätze erstmals der Öffentlichkeit zugänglich.

1930 wurden mit dem Pergamonmuseum die Bauten auf der Museumsinsel fertig gestellt. Im Zweiten Weltkrieg wurden die Museen bis zu 70% zerstört. Die Folgen des Krieges und der Teilung werden derzeit durch aufwändige Umbau- und Sanierungsarbeiten behoben. Die ehemals dort ansässigen, nach dem Krieg in Ost und West geteilten Sammlungen werden neu geordnet und zum größten Teil vor Ort wieder zusammengeführt. Im Jahr 1999 wurde das Gebäudeensemble der Museumsinsel von der UNESCO zum Weltkulturerbe ernannt.

DER LUSTGARTEN

Von Unter den Linden aus geht der Blick auf die Museumsinsel über die prachtvolle Grünanlage des Lustgartens auf die Frontansicht des Alten Museums von 1830. Die Geschichte des Lustgartens reicht weiter zurück. Im Jahre 1573 wurde an dieser Stelle ein Küchen- und Nutzgarten angelegt, um das nahe gelegene Hohenzollernschloss vor allem mit frischem Gemüse

LUSTGARTEN
Mit Frontansicht des Alten Museums, einem Schinkel-Bau

und Kräutern zu versorgen. 1643 wandelte man ihn in einen Ziergarten um, baute hier aber dennoch im Jahr 1649 die ersten Kartoffeln – damals noch ein ziemlich exotisches Gewächs – in Preußen an. Auch in den Jahren danach wechselte der Garten häufig Gestalt und Funktion. So wurde er bald von Friedrich Wilhelm zum Exerzierplatz umgewandelt. Ab 1830 begann man endlich, Bäume anzupflanzen und das Gelände in eine repräsentative Grünanlage umzuwandeln. Dass Peter Joseph Lenné an der Planung beteiligt war, ist in Berlin fast schon selbstverständlich. Nicht selbstverständlich – aber wahr – ist es, dass Schinkel der Urheber der historischen Gestaltung war.

Hundert Jahre später wurde der beliebte Treffpunkt der Berliner Liebespärchen von den Nazis eingeebnet, um hier Aufmärsche und Kundgebungen stattfinden zu lassen. Diesen Zweck erfüllte der Platz anfangs auch in der DDR.

Neben den ihn umfassenden Baumreihen behielt der öde Platz als einzigen Schmuck die riesige Granitschale (sieben Meter Durchmesser, Gewicht fast achtzig Tonnen) vor der Freitreppe des Alten Museums. Schon als sie 1834 aufgestellt worden war, hatten die Berliner von ihr als der „größten Suppenschüssel Berlins" gesprochen. Bei der gartenarchitektonischen Rekonstruktion des Lustgartens nach dem Vorbild von 1830 wurde anstelle des zunächst geplanten historischen Brunnens in Zentrum des Platzes eine moderne Anlage installiert, die sich aber harmonisch einfügt.

Altes Museum

Das Alte Museum, von 1824 bis 1830 nach Entwürfen von – na, von wem wohl? Genau: Karl Friedrich Schinkel – errichtet, ist nicht nur alt, sondern das älteste in Berlin. Zudem gilt es als der drittälteste Museumsbau Deutschlands. Im Stil eines griechischen Tempels gestaltet, mit 18 mächtigen Säulen an der Vorhalle, wurde das als „Königliches Museum" gedachte Gebäude zu einem Musterbeispiel klassizistischer Architektur.

Augenblicklich ist im Alten Museum ein Teil der Berliner Antikensammlung untergebracht. In ihr werden Kunstwerke des griechischen und römischen Altertums gezeigt – Baukunst, Plastik und Vasen, Inschriften, Mosaiken, Bronzen und Schmuck. Die Sammlung ist an zwei Standorten zu besichtigen, im Pergamonmuseum und im Hauptgeschoss des Alten Museums.

Im Alten Museum werden Kunst und Skulpturen der Griechen und Römer gezeigt. Die Kunst der Etrusker, das Herzstück der Sammlung, wird erst nach einer Generalsanierung des Hauses zu sehen sein. Bis dahin sind die griechischen Kunstwerke im neu eingerichteten Hauptgeschoss ausgestellt. Steinskulpturen und Figuren aus Ton und Bronze, Friese, Vasen sowie Goldschmuck und Silberschätze erschließen sich in einem thematischen Rundgang. Die Kunst der Römerzeit ist derzeit nur durch wenige Werke vertreten, u.a. durch Porträts von Cäsar und Kleopatra. Sarkophage, Mosaiken, Fresken und römisch-ägyptische Mumienbildnisse geben darüber hinaus einen Vorgeschmack auf die endgültige Präsentation.

Pergamonmuseum

Im berühmten Pergamonmuseum sind ebenfalls ein Teil der Antikensammlung, das Vorderasiatische Museum und das Museum für Islamische Kunst untergebracht. Mit jährlich ca. 850.000 Besuchern gehört das Pergamonmuseum zu den meistfrequentierten Häusern der Staatlichen Museen.

Hauptanziehungspunkt ist das bekannteste Exponat der Antikensammlung: der Pergamonaltar (2. Jahrhundert v. Chr.).

Sein Skulpturenfries zählt zu den Meisterwerken hellenistischer Kunst und zeigt den Kampf der Götter mit den Giganten. Im südlich anschließenden Saal ist das Markttor von Milet zu sehen, ein Glanzstück römischer Architektur.

Das im Südflügel des Pergamonmuseums untergebrachte Vorderasiatische Museum ist neben dem Louvre und dem British Museum eines der bedeutendsten Museen orientalischer Altertümer der Welt. Auf 2000 Quadratmetern Ausstellungsfläche vermittelt es einen Eindruck von der 6000 Jahre umfassenden Geschichte, Kultur und Kunst in Vorderasien. Unter den bedeutenden Baudenkmälern, Reliefs und kleineren Objekten befinden sich weltberühmte Exponate, die von deutschen Wissenschaftlern ausgegraben worden sind. Sie stammen aus den sumerischen, babylonischen, assyrischen und nordsyrisch-ostanatolischen Regionen, also dem heutigen Irak, Syrien und der Türkei.

Einer der Hauptanziehungspunkte befindet sich in der Mittelachse des Gebäudeteiles. Dort erwarten den Besucher die weltberühmten Rekonstruktionen der riesigen, in leuchtenden Farben gehaltenen Prachtbauten Babylons: die Prozessionsstraße, das Ischtar-Tor und die Thronsaalfassade des Königs Nebukadnezar II. (604-562 v.Chr.). Unter Verwendung der glasierten Originalziegel, die aus zahlreichen Bruchstücken zusammengesetzt wurden, konnten Teile der Bauten in annähernd originaler Größe nachgebaut werden. Auf den Wandflächen finden sich Darstellungen von Löwen, Stieren und Drachen als Symbole der Hauptgottheiten Babylons.

PERGAMONMUSEUM
Hauptanziehungspunkt auf der Museumsinsel

Im Babylon-Saal befinden sich als besondere Anziehungspunkte das Modell des Hauptheiligtums des Stadtgottes Marduk, der „Turm zu Babel" und eine Kopie der bekannten Gesetzesstele des Königs Hammurabi.

Besondere Erwähnung verdienen auch die assyrischen Palastreliefs aus Kalchu (9. Jahrhundert v. Chr.), der zeitweiligen Hauptstadt Assyriens. Die Rekonstruktion eines neuassyrischen Palastraumes wird bestimmt durch die Abgüsse der gewaltigen Türhüter-Figuren in Gestalt von Fabelwesen. Die künstlerischen und handwerklichen Fähigkeiten der Assyrer im 2./1. Jahrtausend v. Chr. zeigen Gefäße, Schmuck, Geräte, Ton- und Steinreliefs, Fliesen und kleinplastische Arbeiten aus unterschiedlichen Materialien.

Die erste gänzlich neu gestaltete Ausstellung des Pergamonmuseums gilt im Obergeschoss des Südflügels der Kunst der islamischen Völker vom 8. bis ins 19. Jahrhundert. Die Kunstwerke des Museums für Islamische Kunst stammen aus dem weiten Gebiet von Spanien bis Indien. Schwerpunkte sind der Vordere Orient einschließlich Ägypten und Iran. Die bildende Kunst ist in nahezu allen Sparten vom Architekturdekor über das Kunsthandwerk und den Schmuck bis hin zur Buchkunst vertreten.

Vom Kunsthandwerk sind fast alle Materialien vertreten: Gefäßkeramiken, Metallarbeiten, Holz- und Beinschnitzereien, Gläser, Gewebe, Teppiche. Aus der Sammlung der Buchkunst werden in Wechselausstellungen Miniaturen und arabisch-persische Kalligraphien der Moghulzeit gezeigt.

Alte Nationalgalerie

Die Alte Nationalgalerie beherbergt Gemälde und Skulpturen des 19. Jahrhunderts. Kunst aus dem frühen 19. Jahrhundert ist mit Werken der in Rom tätigen Nazarener vertreten: Peter Cornelius, Friedrich Overbeck, Wilhelm Schadow und Philipp Veit schufen mit den Fresken zur Josephslegende ein bedeutendes Auftragswerk für die Casa Bartholdy in Rom.

ALTE NATIONALGALERIE
Völlig restauriert im Dezember 2001 neu eröffnet

Zwei neue Säle im Obergeschoss der Nationalgalerie bieten nunmehr Platz für die Malerei der Romantik: Gemälde von Caspar David Friedrich aus allen Schaffensphasen veranschaulichen die Entwicklung des Hauptmeisters der deutschen Romantik. Die phantasievollen Landschaften und Architekturvisionen Karl Friedrich Schinkels fügen sich harmonisch den Werken Friedrichs an. Einen weiteren Schwerpunkt bilden die Werke des eigenwilligen Karl Blechen. Mit sprühender Farbigkeit und unkonventionellen Bildthemen greift er seiner Zeit voraus. Gezeigt werden auch Porträts von Philipp Otto Runge, Gottlieb Schick, Landschaften von Joseph Anton Koch und Carl Rottmann. Werke des Biedermeier sind vertreten durch die Berliner Stadtansichten von Eduard Gaertner und Johann Erdmann Hummel sowie durch Landschaften, Genreszenen und Porträts von Carl Spitzweg bis Ferdinand Georg Waldmüller.

Reichhaltig und qualitätsvoll ist auch der Bestand an impressionistischer Malerei. Meisterwerke von Edouard Manet, Claude Monet, Auguste Renoir, Edgar Degas, Paul Cézanne und Skulpturen von Auguste Rodin wurden frühzeitig erworben.

Die Malerei der zweiten Hälfte des 19. Jahrhunderts ist mit Werken von Hans Thoma, Anselm Feuerbach, Arnold

Böcklin, Hans von Marées, Wilhelm Leibl und Wilhelm Trübner vertreten. Darüber hinaus präsentiert die Nationalgalerie ihren großen Bestand an Gemälden von Max Liebermann und Lovis Corinth. Einen Schwerpunkt der Sammlung bilden Arbeiten von Adolph Menzel, darunter so wichtige Werke wie das „Balkonzimmer" und das „Eisenwalzwerk".

Unter den Skulpturen des 19. Jahrhunderts befinden sich solche berühmten Werke wie die Prinzessinnengruppe von Johann Gottfried Schadow sowie Werke von Berthel Thorwaldsen, Ridolfo Schadow, Reinhold Begas und Adolf von Hildebrand. Skulpturen der Schinkel-Zeit befinden sich in der nahen Friedrichswerderschen Kirche, Werderscher Markt 1.

BODEMUSEUM
(z.Zt. wegen Sanierungsarbeiten geschlossen)

SKULPTURENSAMMLUNG UND MUSEUM FÜR BYZANTINISCHE KUNST
(z.Zt. geschlossen)

MÜNZKABINETT
(z.Zt. geschlossen, einen Teil seiner Bestände zeigt das Münzkabinett in der Antikensammlung – Pergamonmuseum und Altes Museum – und im Museum für Vor- und Frühgeschichte)

NEUES MUSEUM
(wird zur Zeit wieder aufgebaut; dort werden das Ägyptische Museum und das Museum für Vor- und Frühgeschichte Unterkunft finden)

Infotelefon der Staatlichen Museen zu Berlin
20 90 55 55

Palast der Republik

Berlins größte, berühmteste, teuerste und umstrittenste Ruine kündet von der Vergänglichkeit der Macht. Durchsetzt vom Geist des Sozialismus und vom Asbest modert der Palast der Republik nun vor sich hin.

"Unsere sozialistische Kultur wird hier ebenso eine Heimstatt finden wie Frohsinn und Geselligkeit der werktätigen Menschen." So sprach Erich Honecker am 26. April 1976 bei der Einweihung des Palastes der Republik. Vor allem aber war der Bau Tagungsstätte des Parlaments der DDR, der Volkskammer. Aber Honni hatte nicht zu viel versprochen, der „Palazzo Prozzo", so der volkseigene Spottname, entwickelte sich tatsächlich zu einer der beliebtesten Freizeitstätten der Hauptstädter. Nicht nur Anhänger der alten Herrschaft und sonstige Ostalgiker erinnern sich mit Wehmut und Respekt an große Kulturveranstaltungen, die im Palast stattfanden. Es sei nur an das alljährlich veranstaltete internationale „Festival des politischen Liedes" erinnert. Auf jeden Fall sollte der Palast nach dem Fall der Mauer als Kulturzentrum zunächst weiter bestehen. Aber Asbestfunde in der Bausubstanz des 180 Meter langen und 85 Meter breiten Gebäudes führten im September 1990 zu seiner Schließung.

Jahrelang tobte eine wilde Diskussion um das Schicksal des Baues. Viele betrachteten ihn als einen an finstere Zeiten erinnernden städtebaulichen Schandfleck, der möglichst schnell beseitigt, also abgerissen werden sollte. Für Andere war – und ist – der Palast der Republik ein Teil der deutschen Geschichte und sollte auch als ein solcher akzeptiert werden.

Der von einigen Architekturreaktionären heftig in die öffentliche Debatte geworfene Plan, am Ort des Palastes der Republik das alte Stadtschloss neu erstehen zu lassen, fand zwar Zustimmung von vielen – sogar amtlichen – Seiten, doch solange die Finanzierung in den Sternen steht, darf über Zukunft und die Vergangenheit des Baues weiter gestritten werden, auch nachdem 2003 die Asbestbeseitigung abgeschlossen wurde.

PALAST DER REPUBLIK
Schandfleck oder Denkmal? Vorn die Fundamente des alten Stadtschlosses

Für eine „Zwischennutzung" bis zum Abriss des Palastes fand sich jedenfalls kein Investor. Der Abriss würde sich auch deshalb schwierig – und daher teuer – gestalten, weil die Experten jetzt eine „besondere Grundwassersituation" konstatiert haben. Der Palast ruht nämlich in einer riesigen Fundamentwanne aus Beton, die das Grundwasser abweist. Der Wannenboden liegt 12 Meter unter dem Spiegel der Spree und hält dem Druck des Wassers nur Stand, solange auf ihm das Gewicht des Gebäudes lastet. Würden alle oberen Teile des Palastes einfach abgerissen, könnte die Wanne auftreiben – mit verheerenden Folgen für die benachbarten Gebäude, etwa den Dom. Denn unter dessen Fundamenten würde das Grundwasser nun sinken und die Pfähle, auf denen sie im feuchten Grund stehen, nicht mehr komplett umspülen; sie würden daher faulen.

Bislang also verdankt der Palast der Republik – oder besser: was von ihm übrig blieb – sein Weiterbestehen der Befürchtung, sein Abriss würde den Dom mit in den Abgrund reißen – vielleicht eine Perfidie seiner atheistischen Baumeister.

Staatsratsgebäude

Ein Erinnerungsstück an die jüngste deutsche Geschichte stellt auch das Staatsratsgebäude am heutigen Schlossplatz dar. Korrekt ausgedrückt ist es das ehemalige Staatsratsgebäude der DDR, denn einen Staatsrat und den dazugehörigen Staat gibt es ja nicht mehr. Für den Staatsrat – das kollektive Staatsoberhaupt der DDR – 1962 bis 1964 errichtet, hatte hier später auch Erich Honecker seinen Dienstsitz.

Nach der Wende gab es zunächst Pläne, das Gebäude abzureißen – angeblich weil es den historischen Stadtgrundriss störte. Nachdem es aber die erste Phase der Abrisswut heil überstanden hatte, diente das Haus zunächst als Sitz des Umzugsbeauftragten der Bundesregierung, dann als provisorischer Sitz des Bundeskanzleramtes bis zu dessen Umzug an den Spreebogen. Künftig soll hier eine Privatuniversität Quartier beziehen, die hoffentlich die interessantesten Teile des Gebäudes öffentlich zugänglich macht.

In die zurückhaltend und mit Sandstein und rotem Granit flächig gestaltete Hauptfront des Gebäudes integriert ist das Portal IV vom Lustgartenflügel des abgerissenen Stadtschlosses. Dieses Portal, ein Kleinod barocker Baukunst, stammt aber nicht, wie oft behauptet wird, von Andreas Schlüter, sondern wurde 1710 von Johann Friedrich Eosander von Göthe geschaffen. Manch ein Besucher mag sich fragen, warum ausgerechnet dieses Portal des Schlosses gerettet wurde. Die Antwort: Vom Balkon des Portals soll Karl Liebknecht am 9. November 1918 die freie sozialistische Republik ausgerufen haben. Damit war das Portal nicht mehr nur Rest eines feudalen Bauwerkes, sondern konnte zugleich zum Traditionsbestand der Arbeiterbewegung erklärt werden.

Von den künstlerischen Arbeiten im Inneren fallen die monumentalen Glasmalereien im Treppenhaus mit Darstellungen aus der Geschichte der Arbeiterbewegung und ein 45 Meter langer Fries aus bemalten Meißner Porzellanplatten ins Auge.

Berliner Dom

Kunsthistoriker rümpfen verächtlich die Nase, aber der unbefangene Tourist ist doch beeindruckt von der Pracht: Der Berliner Dom ist das typische Bauwerk der Kaiser-Wilhelm-Zeit. Berlins Denkmalschützer überwanden elitäre Dünkel und ließen den Monumentalbau mit enormem Aufwand restaurieren.

Vielleicht werden ihnen kommende Generationen von Kunsthistorikern dankbar sein. Noch aber liegt die wilhelminische Epoche nicht weit genug zurück, um vor den Augen der Experten Gnade zu finden. In den Jahren 1894 bis 1905 von Julius Raschdorff erbaut, ist der Dom dem Petersdom in Rom nachempfunden. Die mächtige, 85 Meter hohe Kuppel setzt einen – allzu – deutlichen Akzent in der eigentlich vom Klassizismus geprägten Berliner Stadtlandschaft. Heute wird von „neubarocken Formen des Historismus" gesprochen, die Baumeister der Kaiserzeit aber wollten einfach nur viel fürs Auge bieten. Deutlich wird das auch bei der Ausschmückung des Innenraumes, besonders im Kaiserlichen Treppenhaus, das zur Kaiserloge führt. Von hier aus kann man einen interessanten Blick in den Kuppelraum werfen. Die Kuppel selbst lässt sich von außen auf einer schmalen Galerie umrunden.

In der ebenfalls restaurierten Hohenzollerngruft sind fast hundert Särge und Grabmäler aus fünf Jahrhunderten zu sehen, denn der Dom diente als Begräbnisstätte der Hohenzollern.

Abschließend eine wichtige Durchsage für Musikliebhaber: Die legendäre Sauerorgel mit Ihren 113 Registern ist inzwischen auch restauriert. Die jetzt in regelmäßigen Abständen im Dom stattfindenden Orgelkonzerte sind erstens ein unvergleichliches Erlebnis und zweitens noch ein echter Geheimtipp!

Gottesdienste Sonntag 10.00 Uhr
Konzertkasse 20 26 91 36
www.berliner-dom.de

BERLINER DOM
Schiffstour um die Museumsinsel, links der Palast der Republik

HALTESTELLE BUSLINIEN 100 UND 200 SPANDAUER STRASSE

Rotes Rathaus

Bürgermeister in Berlin zu sein, ist sicher ein harter Job. Ein wunderschöner Amtssitz aber entschädigt für manche Müh.

Um es vorwegzunehmen: Der Name „Rotes Rathaus" ist auf keinen Fall politisch zu verstehen. Vielmehr deutet der Name auf den für den Rathausbau verwendeten Baustoff hin: Das Gebäude ist vollständig aus roten Ziegeln errichtet. Es handelt sich um einen Neorenaissance-Bau, eine Mehrflügelanlage mit drei Innenhöfen. Über allem erhebt sich der mächtige, aber dennoch filigran wirkende, 74 Meter hohe Uhrturm. Die Grundsteinlegung fand 1861 statt, und schon Ende 1865 wurden die ersten Sitzungen des Magistrats der Stadt Berlin hier abgehalten. Endgültig fertig wurde das Rote Rathaus aber erst 1869.

Vom Bus aus ist das Rathaus zwar deutlich zu erkennen, aber die schönen Details erschließen sich erst bei näherer Betrachtung. Hingewiesen sei ausdrücklich auf die so genannte „Steinerne Chronik", ein aus 36 Terrakotta-Reliefs bestehender Fries, der sich in Höhe des ersten Stockwerkes um das Gebäude zieht. Die Reliefs stellen Ereignisse aus der Geschichte Berlins dar.

Falls keine Empfänge stattfinden, dürfen wir normale Bürger und Besucher auch die Innenräume – teilweise marmorstrotzende Prunksäle – besichtigen. Besonders interessant sind die angebotenen Führungen.

Information und Anmeldung für Rathausführungen: Fon 90 26 25 21/23

Auf der Freifläche vor dem Roten Rathaus zieht der Neptunbrunnen die Aufmerksamkeit auf sich. Berlins schönster

Brunnen ist nicht nur ein beliebtes Fotomotiv, sondern im Sommer auch ein feucht-fröhlicher Abenteuerspielplatz. Besitzer von spritzwassergeschützten Kamerataschen sind hier eindeutig im Vorteil.

Der Brunnen stammt aus dem Jahre 1891 und ist dem römischen Tritonen- und Vierströmebrunnen nachempfunden. Der Meeresgott Neptun, im Mittelpunkt des Brunnens, ist umgeben von seinem Hofstaat und sieht herab auf vier Frauengestalten am Rand des Brunnenbeckens. In dieser deutschen Version des Vierströmebrunnens verkörpern die Damen Rhein, Elbe, Oder und Weichsel. Das Brunnenbecken besteht aus rotem Granit und hat einen Durchmesser von 18 Metern.

ROTES RATHAUS
Zwei Wahrzeichen der Stadt in trauter Nachbarschaft

Ursprünglich stand der schöne Brunnen vor dem Stadtschloss, erst 1961 wurde er nach aufwändiger Restaurierung an seinen heutigen Standort verlegt.

HALTESTELLE BUSLINIEN 100 UND 200 ALEXANDERPLATZ

FERNSEHTURM

Stolze 365 Meter hoch ragt Berlins höchstes Bauwerk empor. Von dieser Warte aus betrachtet wirkt die Metropole gleich viel gemütlicher.

Der Fernsehturm ist nicht nur Berlins höchstes Bauwerk, sondern zugleich der dritthöchste Fernsehturm der Welt. Am 3. Oktober 1965 konnte dieses „Monument sozialistischer Ingenieurkunst" nach vierjähriger Bauzeit eingeweiht werden. Im Westen wurde man daher nicht müde, darauf hinzuweisen, dass sich die DDR-Architekten Fritz Dieter und Günter Franke von schwedischen Ingenieuren hatten beraten lassen. Eine Meisterleistung ist der Turm aber allemal, denn bis zu dieser Zeit gab es keine städtebaulichen und technischen Erfahrungen mit solch hohen Türmen im Innenstadtbereich. Das Gewicht des Turms beträgt 26.000 Tonnen, allein die mit silbern schimmernden Nirosta-Platten umhüllte Kugel wiegt 4800 Tonnen. Diese Kugel befindet sich in 207 Metern Höhe und birgt eine Aussichtsplattform und darüber ein Panoramarestaurant, das sich in einer Stunde zweimal um die eigene Achse dreht.

FERNSEHTURM
Marx, Engels und ein Symbol sozialistischer Baukunst

Sie sind neugierig geworden auf den überwältigenden

FERNSEHTURM

Ausblick und das technische Wunderwerk? Außerdem ist das Wetter schön und verspricht klare Sicht? Dann also ready to take off – die beiden Hochgeschwindigkeits-Aufzüge schießen die Besucher blitzartig in die Höhe, dass es in den Ohren nur so knackt. Überwinden Sie den Schreck und weiden Sie sich an den komischen, entsetzten Gesichtsausdrücken der Mitreisenden. Oben angekommen bietet die geräumige Aussichtsplattform rundum Hinweisschilder zu den markantesten Gebäuden, die sich am Horizont abzeichnen. Oder der Besucher orientiert sich anhand einer informativen Broschüre, die im Fernsehturm erhältlich ist. Unter günstigen Bedingungen – wann herrschen die schon in Berlin? – soll die Sichtweite 40 Kilometer betragen, man müsste also ein Gebiet mit einem Durchmesser von 80 Kilometern überblicken können!

Im Restaurant des Fernsehturmes kann man beim Essen auf die Großstadt herabsehen, und das bis Mitternacht, im Sommer sogar bis 1 Uhr nachts. Und wer sich für seine Hochzeit – nicht nur für die Feier, sondern auch für die standesamtliche Zeremonie – etwas besonderes wünscht, der kann sich hier das Jawort geben.

Dabei lässt sich leicht vergessen, dass der Fernsehturm nur im Nebenjob Aussichtspunkt ist. Natürlich diente und dient er als Sendeanlage, 13 Fernseh- und mehrere Dutzend Radioprogramme werden heute von den großen Antennen abgestrahlt. Bei seiner Einweihung schickte er nur das Programm des „Deutschen Fernsehfunks" zu den Empfängern in Ost und West. Auch alles Geschichte; nach der Wende wickelte man auch das Staatsfernsehen der DDR ab und vom Fernsehturm wurde zum letzten Mal das Standbild eingeblendet: „Das Sendekollektiv wünscht Ihnen eine gute Nacht!"

Berliner Fernsehturm
Panoramastraße 1a
Fon 2 42 33 33
Fax 2 42 59 22
www.berlinerfernsehturm.de

Alexanderplatz

Das Ziel unserer Tour: Zugig, unwirtlich und von hässlichen Hochhäusern umstellt. Für den Alexanderplatz, wie er sich heute präsentiert, kann man sich – wenn überhaupt – nur auf den zweiten Blick erwärmen.

Der Alexanderplatz war nicht immer so öde, im Laufe seiner wechselvollen Geschichte änderte er mehrfach seinen Charakter. Anfang des achtzehnten Jahrhunderts hatte sich hier ein Viehmarkt entwickelt, später kam ein Wollmarkt hinzu, auch – wen wundert's in Preußen – als Exerzierplatz soll das Areal gedient haben. Im Jahre 1805 erhielt der Platz seinen Namen nach dem Russischen Zaren Alexander I., als dieser Berlin besuchte. Mit dem Bau der Stadtbahn 1882 entwickelte sich der „Alex", wie er bald genannt wurde, zum Verkehrsknotenpunkt des Berliner Ostens. Ein Bahnhof für Fern- und S-Bahn sowie für drei U-Bahnlinien entstand. Vier Omnibuslinien trafen sich hier und 17 Straßenbahnen führten über den Platz. In den zwanziger Jahren herrschte eine Metropolen-Atmosphäre wie sie im Buche steht – nämlich in dem gleichnamigen von Alfred Döblin. Er setzte dem Alexanderplatz und dem ideellen Berliner Gesamt-Underdog Franz Bieberkopf ein bleibendes Denkmal.

ALEXANDERPLATZ
Weltzeituhr – wie spät ist es in Chabarowsk?

ALEXANDERPLATZ
Brunnen der Völkerfreundschaft

Der Zweite Weltkrieg beendete auch das geschäftige Treiben auf dem Alex und hinterließ den Ostberliner Stadtplanern ein Trümmerfeld. In den sechziger Jahren begannen sie damit, den Platz mit Hochhäusern zu umstellen, in der trügerischen Hoffnung, so weltstädtisches Flair erzeugen zu können. Immerhin machten sie ihn zur Fußgängerzone, seitdem fließt der Verkehr um den Platz herum. Als erstes Hochhaus entstanden 1964 das „Haus des Lehrers" und der benachbarte Kuppelbau der Kongresshalle. Beide stehen unter Denkmalschutz – und wohl deshalb jahrelang leer. Inzwischen hat sich aber ein Investor gefunden und baut sie zu einem gediegenen kleinen Kongresszentrum um.

Die später entstandenen Bauten aber sind zum Abriss freigegeben. Pläne für einen umfassenden Umbau des Alexanderplatzes liegen bereits auf dem Tisch, beziehungsweise in den Schubladen.

Zwei hübsche Orientierungspunkte fallen in der Ödnis des Alex' ins Auge: Der „Brunnen der Völkerfreundschaft" im bunten Sechziger-Jahre-Stil und die Weltzeituhr. Das zehn Meter hohe Gebilde aus Stahl und Aluminium wurde 1969 von Erich John entworfen und konstruiert. Die Weltzeituhr zeigt Uhrzeiten aller Zeitzonen an und informiert nach ihrer Restaurierung im Jahre 1997 sogar darüber, wie spät es in Kapstadt und Jerusalem ist. Zwei Städte, die aus politischen Gründen auf dem Original nicht auftauchten. Dass aber Bratislava gleich in Pressburg „rückbenannt" wurde, stieß nicht nur bei den Hütern der political correctness auf Verwunderung.

UNTERWEGS IM ÖSTLICHEN ZENTRUM BERLINS: ENTDECKUNGEN RUND UM DEN ALEXANDERPLATZ

Ein Spaziergang unter Linden

Wer sich vom Oberdeck des Busses schon an der architektonischen Schönheit der Straße Unter den Linden berauscht hat, der wird sicher gern die Möglichkeit wahrnehmen, auch einige der Bauten, die nicht zu den augenfälligsten gehören, einmal näher zu erkunden. Bei einem Spaziergang unter Linden lassen sich in wenigen Fußminuten die unterschiedlichsten Baudenkmäler besichtigen.

Die Marienkirche ist das erste Architekturjuwel auf dem Weg vom Alexanderplatz zur Straße Unter den Linden. Die offizielle Adresse ist Karl-Liebknecht-Straße 8. Fast unscheinbar und an ihrem Platz etwas verloren wirkt sie. Doch sie ist ein Schatzkästchen der Sakralkunst.

Wie alt die Marienkirche genau ist, weiß niemand zu sagen. Die Fachleute haben sich aber darauf geeinigt, sie zur zweitältesten Kirche Berlins zu erklären (nach der Nikolaikirche). Sie ist auf jeden Fall eines der letzten Zeugnisse des mittelalterlichen Berlin. Ihr Bau begann etwa ab 1270, erstmals urkundlich erwähnt wurde sie 1294. Nach einem Stadtbrand musste am Ende des vierzehnten Jahrhunderts die gestreckte dreischiffige Halle erneuert werden. Der 90 Meter hohe Turm, eine Stilmischung aus Gotik und Klassizismus, ist vergleichsweise jung. Er wurde erst 1790 von dem Architekten des Brandenburger Tores – Carl Gotthard Langhans – erbaut, nachdem der frühere Turm – ebenfalls durch einen Brand – vernichtet worden war.

Von der Ausstattung der äußerlich schlichten Kirche ist das 2 Meter hohe und fast 23 Meter lange Fresko „Totentanz" in der Turmhalle besonders interessant. Es ist vermutlich nach der Pestepidemie von 1448 entstanden und stellt in 14 Gruppen mit dazugehörigen niederdeutschen Versen den Tod dar. Der Tod holt die Mitglieder aller Stände in sein Reich. Das Kunstwerk wurde 1730 übertüncht und erst 130 Jahre später wieder entdeckt. Ein bronzenes Taufbecken und die marmorne Barock-Kanzel, von Andreas Schlüter 1703 geschaffen, verdienen ebenfalls großes kunsthistorisches Interesse. Auf der Orgel von 1721 spielte schon Johann Sebastian Bach. Noch heute finden im Sommer regelmäßig Konzerte statt.

Im Jahre 2003 wurde bei archäologischen Grabungen an der Marienkirche, genauer in einem als Heizungskeller dienenden Anbau, ein Friedhof aus der Frühzeit Berlins entdeckt. Wahrscheinlich handelt es sich bei den geborgenen Toten um die erste Siedlergeneration des Marienviertels, eines der ältesten Stadtviertel Berlins. Der herausragende archäologische Fund könnte – nach einer längeren wissenschaftlichen Auswertung – offene Fragen der frühen Stadthistorie beantworten.

Vom hohen Alter des Gotteshauses zeugt auch das Sühnekreuz am Hauptportal, es erinnert an die Ermordung des Propstes Nikolaus von Bernau, der an der Marienkirche wirkte. Das Kreuz wurde im Jahre 1726 aufgestellt. Doch die Freveltat selbst lag damals schon lange zurück: Bereits 400 Jahre vorher, 1325, war der Gottesmann umgebracht worden!

Hinter dem Zeughaus erhebt sich der wohl kleinste Bau des preußischen Klassizismus. Gleichwohl ist er schon insofern äußerst bemerkenswert, weil kein Bauwerk an der Strecke unserer Besichtigungen eine solch verbitterte Kontroverse ausgelöst hat wie die Neue Wache, heute offiziell als Zentrale Gedenkstätte der Bundesrepublik Deutschland bezeichnet.

Ursprünglich war die Neue Wache aber ein völlig unverfängliches Gebäude, das tatsächlich als Unterkunft für die Wachen gedacht war, die die gegenüberliegenden Palais schützen sollten. Die Wache entstand 1816 bis 1818 nach den Plänen von Friedrich Karl Schinkel. Dem kastellartigen Bau setzte der große Baumeister in Anlehnung an griechische Tempel

NEUE WACHE
Zentrale Gedenkstätte der Bundesrepublik Deutschland

an der Hauptfront einen dorischen Säulenportikus vor. Obwohl Schinkels Neue Wache, ihrer bescheidenen Aufgabe entsprechend, kein besonders voluminöses Bauwerk ist, konnte sie sich dank ihrer kunstvoll gestalteten klassizistischen Eingangshalle ebenbürtig neben den sie umgebenden Prachtbauten behaupten. Bald schon galt die Wache wegen ihrer täglichen Wachparaden als die Visitenkarte des militärischen Berlin schlechthin.

Mit der Abdankung der Hohenzollern war die Neue Wache ihrer Funktion beraubt. Ab 1929 diente sie dann auf Veranlassung des Reichspräsidenten Paul von Hindenburg als Ehrenmal für die Gefallenen des Ersten Weltkrieges. Dieses „Reichsehrenmal" entstand nach Entwürfen von Heinrich Tessenow, der das Gebäude völlig entkernte und die Hallenwände mit Kalkplatten verkleidete. In der Mitte der Halle befand sich nun ein hoher schwarzer Granitblock unter einem Oberlicht. Auf dem Block lag ein silberner Eichenlaubkranz. Die bald an die Macht kommenden Nazis konnten sich besonders für den weihevollen Ort begeistern und nutzen ihn eifrig als Kulisse für ihre Propagandaspektakel.

Die DDR-Führung ließ das nach den Kriegszerstörungen wiederaufgebaute Gebäude 1960 als Mahnmal für die Opfer des Faschismus und Militarismus umgestalten. Nun loderte in einem Kristallwürfel eine ewige Flamme über Urnen eines unbekannten Soldaten und eines unbekannten KZ-Opfers.

Die vorerst letzte Umgestaltung musste Schinkels Neue Wache 1993 über sich ergehen lassen. Seitdem dient sie – nach den persönlichen Wünschen des damaligen Bundeskanzlers Helmut Kohl gestaltet – mit einer um das vierfache vergrößerten Pietà von Käthe Kollwitz im Zentrum als Zentrale Gedenkstätte der Bundesrepublik Deutschland. Die Erben der Künstlerin versuchten mit allen Mittel, aber vergebens, die Geschmacklosigkeit zu verhindern. Gedacht wird nun nach aktuellem Geschichtsverständnis – ganz allgemein – aller Opfer von Krieg und Gewaltherrschaft – eine fragwürdige, unscharfe Formulierung, die verleitet, Opfer und Täter gleichzusetzen.

Nur ein paar Schritte von der Neuen Wache entfernt lässt das emsige Gewusel bücherbewehrter junger Menschen vor dem ebenfalls mit klassizistischer Klarheit glänzenden Bauwerk nur einen Schluss zu: Es handelt sich um eine Universität, genauer: die Humboldt-Universität.

Das Universitätsgebäude wurde ursprünglich in den Jahren 1748 bis 1766 von Johann Boumann im Auftrage des Preußenkönigs Friedrich II. errichtet. Die Pläne stammten noch von dem Opernarchitekten von Knobelsdorff, dessen Freundschaft mit dem König aber inzwischen zerbrochen war. Der Bau diente nicht der Lehre und Forschung, sondern einem Bruder des Königs, Prinz Heinrich, als luxuriöse Stadtvilla. Die rauschenden Feste, die Heinrich in seiner Stadtresidenz feierte, galten damals als einmalig in ganz Preußen und waren lange Gesprächsthema in den Kreisen der Oberschicht.

HUMBOLDT-UNIVERSITÄT
Links die Staatsbibliothek, rechts das Hauptportal der Universität

Im Jahre 1809 war Schluss mit Lustig. Friedrich Wilhelm III. stellte das Palais der von Wilhelm von Humboldt gegründeten Universität als Vorlesungsgebäude zur Verfügung. Im Wintersemester 1809/1810 waren schon 247 Studenten an der neuen Lehranstalt, der „Friedrich-Wilhelm-Universität" immatrikuliert. In den kommenden Jahrzehnten verhalfen so bedeutende Namen wie die Gebrüder Grimm, Hegel, Einstein, Planck, Koch, Sauerbruch und Virchow der ersten Berliner Universität zu Weltruhm. Auch Alexander von Humboldt, der Bruder des Gründers, gehörte dazu. Mehr als zwanzig Nobelpreisträger unterrichteten hier.

Nach schweren Zerstörungen im Zweiten Weltkrieg wurde im Januar 1946 der Lehrbetrieb wieder aufgenommen. Ihren jetzigen Namen erhielt die Universität erst 1949 nach ihrem Gründer Wilhelm von Humboldt. Heute schmücken Denkmale bedeutender Gelehrter die dem Universitätsgebäude vorgelagerte Grünanlage. Zu beiden Seiten des Hauptportals erheben sich die Denkmäler der Brüder Alexander (rechts) und Wilhelm (links) von Humboldt.

Mit strenger Miene blicken die beiden Gelehrten gnadenlos auf die von Bafög-Kürzungen und Regelstudienzeiten drangsalierten Studenten herab, die täglich an ihnen vorbeiströmen. Strömen ist wohl der treffende Ausdruck, denn aus den einst 247 Wissenshungrigen sind inzwischen ca. 20.000 Studenten geworden, die sich an der Humboldt-Universität für eine akademische Karriere fit machen wollen.

Jetzt gilt es zu entscheiden, ob man zurück zum Alexanderplatz geht, um von dort die Berlin-Erkundung per S-Bahn fortzusetzen, oder das nahe gelegene Nikolaiviertel besucht. Oder den noch näher gelegenen Gendarmenmarkt. Den nämlich hat man in wenigen Minuten über den der Humboldt-Universität gegenüber liegenden Bebelplatz erreicht.

Das Nikolaiviertel

Der Alexanderplatz ist ein idealer Ausgangspunkt für den Besuch einiger umliegender Attraktionen. Am interessantesten ist ohne Frage das Nikolaiviertel, das hinter dem Roten Rathaus beginnt. Welch ein Gegensatz zum weitläufigen, öden Alexanderplatz!

Man könnte meinen, die DDR-Stadtplaner hätten hier ihre Bausünden der sechziger Jahre wiedergutmachen wollen. Tatsächlich ist das gemütliche Quartier mit seinen verwinkelten Gässchen nicht historisch gewachsen, sondern entstand erst anlässlich der 750-Jahr-Feier neu. Kritiker schimpften das Viertel dann auch sogleich ein sozialistisches Disneyland. Sei's drum – mit seinen vielen gemütlichen Kneipen, kleinen Kunstgewerbegeschäften und Straßencafés muss sich der Tourist hier einfach wohl fühlen.

Vor dem Zweiten Weltkrieg war das Viertel rings um die Nikolaikirche geprägt durch Gasthöfe, Läden, Höfe und Handwerksbetriebe. Viele Künstler wie Kleist, Hauptmann, Ibsen, Casanova, Strindberg oder Lessing lebten oder logierten hier. Durch Bombenangriffe wurde das Viertel 1944 weitgehend zerstört, es blieb als brachliegendes Trümmergrundstück liegen. Erst im Vorfeld der 750-Jahr-Feier Berlins wurde 1981–87 die Ruinenlandschaft nach historischen Vorbildern unter Leitung des Architekten Günter Stahn rekonstruiert. Bei der Wiederherstellung des Viertels als verwinkelte Fußgängerzone wurden moderne Bauten sowie rekonstruierte Gebäude zu einem Ensemble zusammengefügt. Nach historischen Vorbildern sind die Häuser und Straßen möglichst exakt nachgebildet, so dass die Illusion eines Stücks Alt-Berlin entsteht.

Der Mittelpunkt diese Ensembles aber, die Nikolaikirche, der die Retortenaltstadt ihren Namen verdankt, ist ein Original. Sie ist sogar – schon um 1230 als Feldstein-Basilika errichtet – die älteste Pfarrkirche Berlins. In der Kirche wurde 1539 der Übergang Berlins zum protestantischen Glauben vollzogen. Dort versammelte sich auch 1809 die erste gewählte Stadt-

NIKOLAIVIERTEL
Die Nikolaikirche – alter Mittelpunkt des neuen Viertels

verordnetenversammlung Berlins. Im Laufe der Geschichte wurde sie mehrmals umgebaut, unter anderen 1807 durch Schinkel und 1876–78, als die Türme errichtet wurden. Im aufwändig restaurierten Inneren befindet sich eine Dependance des Stadtmuseums, mit einer Ausstellung zur Grabmalkunst. Ansonsten dient der Ort hin und wieder auch auswärtigen Veranstaltern als Ausstellungsfläche.

Zwei weitere Originale verdienen Beachtung. Das Ephraimpalais ist ein Meisterwerk der Berliner Palaisarchitektur des 18. Jahrhunderts, in dem Wechselausstellungen des Stadtmuseums gezeigt werden. Zahlreiche Verzierungen schmücken die Balkone des sanft geschwungenen Hauses, das 1935/36 wegen der Straßenerweiterung abgetragen, in nummerierten Einzelstücken zwischengelagert, fast vergessen und erst 1987 wieder aufgebaut wurde. Auch der Barockbau des Knoblauchhauses von 1760, in dessen Räumlichkeiten mit den wertvollen Möbeln ein Einblick in die bürgerliche Welt des 19. Jahrhunderts geboten wird, lohnt einen Besuch.

Gendarmenmarkt

Der Gendarmenmarkt ist einer der schönsten Plätze Europas – ein Muss für jeden Touristen. Hier bilden der Deutsche Dom, der Französische Dom und das Konzerthaus ein Ensemble von architektonischer Harmonie und Schönheit.

Der Platz wurde ab 1688 nach Plänen von J. A. Nering angelegt, ursprünglich hieß er Linden-Markt, später Friedrichstädtischer oder Neuer Markt. Da der Platz 1736–82 von einem Kürassierregiment „gens d'arms" mit Wachen und Ställen genutzt wurde, entstand der Name Gendarmenmarkt. Nach 1777 wurde der Platz nach den Plänen von Georg Christian Unger einheitlich umbaut. Der im Zweiten Weltkrieg stark beschädigte Platz wurde anlässlich der 250-Jahr-Feier der Akademie der Wissenschaften in „Platz der Akademie" umgetauft, 1991 erhielt er seinen früheren Namen zurück.

GENDARMENMARKT
Deutscher Dom und Konzerthaus

BERLINER FERNSEHTURM
... immer das höchste Erlebnis!

Öffnungszeiten
Panoramaetage/Telecafé:
März-Oktober: 09-01/10-01 Uhr
November-Februar: 10-24 Uhr

Reservierung:
Tel. (0 30) 2 42 33 33
Fax (0 30) 2 42 59 22
www.berlinerfernsehturm.de
info@berlinerfernsehturm.de

FEDERATION DES
GRANDES TOURS DU MONDE

WORLD FEDERATION
OF GREAT TOWERS

TV Turm Alexanderplatz
Gastronomiegesellschaft mbH
Panoramastr. 1A · 10178 Berlin

Französischer Dom

Der Französische Dom wurde 1701–05 nach Entwürfen von Cayart als Kirche für die aus Frankreich nach Berlin geflohenen Hugenotten erbaut. Der rechteckige Hauptbau ist an den Schmalseiten von halbkreisförmigen Anbauten umgeben. 1780–85 wurde im Rahmen der Umgestaltung des Gendarmenmarkes der imposante Turmbau nach Plänen von Gontard und Unger angefügt. Der im Krieg schwer beschädigte Dom wurde ab 1977 wieder aufgebaut.

Deutscher Dom

1701–08 wurde der auch unter dem Namen Neue Kirche bekannte Deutsche Dom nach Plänen von M. Grünberg durch Giovanni Simonetti errichtet. 1780–85 ergänzte Carl von Gontard das Gebäude durch den Kuppelturm im Rahmen der Umgestaltung des Gendarmenmarktes. Der im Zweiten Weltkrieg zerstörte Dom wurde nach umfangreicher Restaurierung am 2.10.1996 wiedereröffnet und enthält die Ausstellung „Fragen an die deutsche Geschichte", die durch die Nutzung des Reichstagsgebäudes durch den Bundestag heimatlos geworden war.

Konzerthaus (Schauspielhaus)

Das Schauspielhaus wurde bis 1821 von Schinkel für das königliche Staatstheater errichtet. Zuvor befand sich hier das 1800-02 von Langhans erbaute Nationaltheater, das 1817 bei einem der spektakulärsten Theaterbrände des 19. Jahrhunderts vernichtet worden war. Schinkel integrierte die Reste des Langhansschen Rechteckbaus und fügte in dessen Mitte einen höheren, breiteren, giebelbekrönten Baukörper mit vorgelagerter ionischer Säulenhalle ein. Nach seiner Zerstörung im Zweiten Weltkrieg wurde das Gebäude zunächst nur gesichert, die systematische originalgetreue Restaurierung begann erst 1979. Nach seiner Wiedereröffnung 1984 diente es nicht mehr als Schauspiel-, sondern als Konzerthaus.

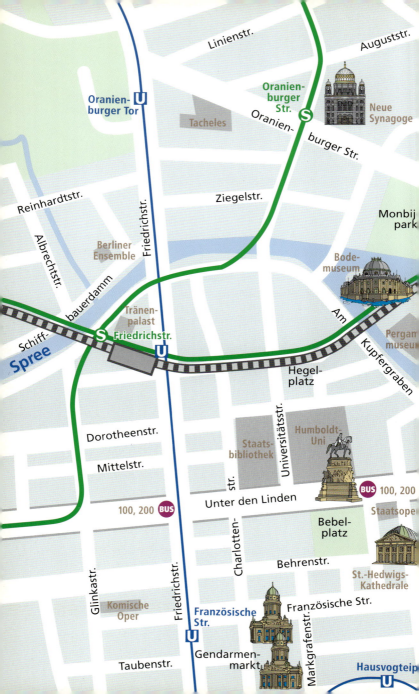

MIT DER S-BAHN VON OST NACH WEST

Was dem Bus recht ist, ist der S-Bahn billig! Oder wenn man will sogar umsonst, denn mit einem Busticket, das noch nicht abgelaufen ist, – zwei Stunden gilt es mindestens – kann der clevere Tourist auch S-Bahn fahren. Und das sollte er tun, denn auf der Strecke vom Alexanderplatz zurück zum Zoo lassen sich besondere Sehenswürdigkeiten erleben. Sogar die Bahnhöfe selbst sind nach den aufwändigen Renovierungen der letzten Jahre Sehenswürdigkeiten.

Was noch hinzukommt: Zwischen den Stationen Alexanderplatz und Zoo verkehren insgesamt vier Linien, so dass der ungeduldige Reisende alle paar Minuten einen Zug nehmen kann.

Eine ganz besondere Sighseeing-Tour können Sie mit der Panorama-S-Bahn erleben. Die Fahrten starten jeweils am Wochenende ab Ostbahnhof, führen über den gesamten S-Bahn-Ring und werden von kundigen Reiseleitern begleitet. Ab 2004 werden auch wieder Touren quer durch die Metropole angeboten, die dann an vielen der in diesem Buch beschriebenen Sehenswürdigkeiten vorbeiführen.

Infos: 29 74 33 33
www.s-bahn-berlin.de

S-BAHNHOF HACKESCHER MARKT

Hackesche Höfe

Einer der beliebtesten Anlaufpunkte für Touristen und Trendsetter sind zweifellos die aufwändig restaurierten Hackeschen Höfe.

Das Geflecht aus acht Höfen bildet Deutschlands größten Wohn- und Gewerbehof. Die Nutzung des um die Jahrhundertwende entstandenen Gebäudekomplexes war wie in vielen Berliner Hinterhöfen eine Mischung aus Büros, Gewerbe, Stockwerkfabriken – vor allem in den ersten Höfen – und Wohnungen. Dieses Konzept wurde auch in den Neunzigern bei der Sanierung der stark restaurierungsbedürftigen Höfe wieder aufgegriffen und erfolgreich umgesetzt.

Nach jahrzehntelanger Vernachlässigung, Zweckentfremdung und Zerstörung gelten die Hackeschen Höfe seit ihrer

HACKESCHE HÖFE
Deutschlands größter Wohn- und Gewerbehof

HACKESCHE HÖFE
Im Umfeld entstand ein spannendes Viertel

Sanierung in den neunziger Jahren als eine der Hauptsehenswürdigkeiten Berlins. Die enge Zusammenarbeit zwischen den Investoren, der Denkmalsschutzbehörde sowie dem Verein Hackesche Höfe e. V. als Vertreter der Mieter ließ die Sanierung und die neue Nutzungskonzeption der Hackeschen Höfe zu einer Erfolgsstory werden, die in den letzten Jahren in der näheren Umgebung der Höfe zahlreiche Nachahmer gefunden hat. So wirkten die von Investoren auch als Ankerplatz bezeichneten Hackeschen Höfe als Motor für die Revitalisierung eines lange vernachlässigten Stücks Alt-Berlin.

Der Hof I, der Endellscher Hof, der von dem Jugendstil-Künstler und Architekten August Endell entworfen wurde, beherbergt das Cabaret „Chamäleon", ein Filmtheater, mehrere Bars und Restaurants, im Hof II, dem Theaterhof, befindet sich das Hackesche-Hof-Theater sowie eine Reihe von Architekturbüros, in den weiteren Höfen sind eine Vielzahl kleinerer Läden und Galerien angesiedelt. Zu großen Teilen werden die Häuser der Höfe auch als Wohnhäuser genutzt. Auch rings um die Höfe ist ein neues Ausgehviertel mit zahllosen Bars, Restaurants und Clubs entstanden, so dass die Gegend zu den angesagtesten Vierteln des Berliner Nachtlebens zählt.

Eine verträgliche Mischung von Wohnen, Arbeiten und kulturellem Leben ist entstanden, die ein Magnet auch für Touristen aus dem In- und Ausland geworden ist. Das Gebäudeensemble steht selbstverständlich unter Denkmalschutz.

Oranienburger Strasse

Die Oranienburger Straße, das für Touristen im Augenblick wohl beliebteste Viertel in Berlin, erreichen Sie am Besten vom S-Bahnhof Hackescher Markt. Dieser Bahnhof ist weitgehend im Originalzustand erhalten geblieben. Ab hier schlendern Sie durch die Oranienburger Straße mit ihren vielen Restaurants, Bars und Szenekneipen. Auch Kultur gibt es hier und in den Seitenstraßen reichlich: Sophienkirche und Sophienfriedhof, Alter Jüdischer Friedhof und Neue Synagoge, das Postfuhrwerk und den Kunsthof Oranienburger Straße, der 1997-98 restauriert und modernisiert wurde. Der Kunsthof bietet heute eine einzigartige Atmosphäre, eine Mischung aus kreativem Gewerbe, Restaurants und Wohnen.

Das Tacheles

Das abrissgefährdete ehemalige Kaufhaus an der Oranienburger Str. 52-56a wurde im Februar 1990 von etwa 50 Künstlern zu einer über die Stadtgrenzen hinaus bekannten multikulturellen Begegnungsstätte umfunktioniert. Das Tacheles bietet ein Forum für Inszenierungen der freien Theaterszene, für experimentelle Musikprojekte, für Tanz und Performances. Neben Theaterräumen gibt es etwa 20 Ateliers, Werkstätten, Studios und ein Café, das auch für Veranstaltungen genutzt wird.

Das Tacheles befindet sich in einem erhaltenen Teil des 1908 eröffneten Kaufhauses Friedrichstadt-Passage. 1928 wurde aus dem Ladenkomplex das Haus der Technik der AEG. Während des Zweiten Weltkriegs nutzten zahlreiche NS-Dienststellen das Gebäude. Nach dem Krieg waren in den verbliebenen Räumen des stark beschädigten Hauses die Fachschule für Artistik, die Bezirksfilmdirektion Berlin, das Kino Kamera und Läden untergebracht. Bis Ende der siebziger Jahre wurde das Gebäude schrittweise geräumt und bis auf den Flügel an der Oranienburger Straße gesprengt.

Neue Synagoge und Centrum Judaicum

In der größten Synagoge der jüdischen Gemeinde in Berlin vor 1933 ist seit 1995 ein Museum untergebracht. Die ständige Ausstellung trägt den Titel „Tuet auf die Pforten...".

Das ist der Beginn eines Jesajawortes, das über dem Eingang zur Synagoge steht. Vollständig lautet es, „...dass einziehe das gerechte Volk, das bewahret die Treue." 1866 konnte dieses Volk in die neue prächtige Synagoge an der Oranienburger Straße einziehen und damit dem jüdischen Leben in Berlin ein angemessenes Zentrum verleihen. Das im maurischen Stil gehaltene Gebäude entstand 1859–66 nach Plänen von Eduard Knoblauch und F. August Stüler und war mit seiner raffinierten Stahlkonstruktion der Emporen und des Daches sowie der geschickten Raumgestaltung ein Höhepunkt der damaligen Ingenieurs- und Architekturkunst.

In dem großen Hauptschiff und auf den Emporen fanden bis zu 3000 Gläubige Platz. Eine weithin sichtbare große goldene Kuppel krönt das Gebäude, dessen prachtvoll mit Ziegelornamenten verzierte Eingangsfront flankiert ist von zwei Türmen mit ebenfalls vergoldeten Kuppeln. Die Errichtung und der Bezug der neuen Synagoge war ein Zeichen des neuen Selbstbewusstseins der Juden. Und auch eine Touristenattraktion war die „Neue Synagoge".

Es gab auch Kritiker. So empfanden einige orthodoxe Juden das neue Gotteshaus als ein „... schönes Theater, aber keine Synagoge ...". Auch gab es Antisemiten, die sich von der Pracht eines jüdischen Gotteshauses mit einer strahlenden Kuppel provoziert fühlten.

Nicht lange durften die Juden mit ihrem wunderschönen Gotteshaus leben. In der Nacht vom 9. auf den 10. November 1938 bewahrte der Polizeivorsteher Wilhelm Krützfeld das Gebäude vor dem Schlimmsten. Es kam mit Brandschäden im Inneren davon. Im März 1940 fand der letzte Gottesdienst statt. Im November des selben Jahres zerstörten Bomben von britischen Luftangriffen die Synagoge. Der eigentliche Synagogenraum wurde Ende der 50er Jahre abgerissen. Dann stand das jüdische Leben in der Oranienburger Straße lange still.

Im Zuge von Gedenkveranstaltungen zum 50sten Jahrestag der Verwüstung wurde 1988 die Stiftung „Neue Synagoge Berlin – Centrum Judaicum" gegründet. Diese nahm die Teilrestaurierung der zerfallenen Synagoge in die Hand. Bei den Aufräumarbeiten tauchten Fragmente der Einrichtungsgegenstände in den Trümmern auf. Sie sind heute Teil der Ausstellung. In die einstige Pracht zurückversetzt sind die Fassade und die goldene Kuppel. Sie prägen jetzt wieder wie einst das Bild der Oranienburger Straße.

Das Museum stellt jüdisches Leben nicht reduziert auf den Holocaust dar, sondern umfasst jüdische Identitäten danach. Der Holocaust wird als ein Bruch gesehen, jedoch nicht als Abbruch. Die Diskontinuität wird ausgedrückt in der Teilrestaurierung des Gebäudes und mit den Fragmenten der Einrichtungsgegenstände, die in Modelle der einstigen Formen integriert sind. Der Verlust, der in diesen Räumen, in der unmittelbaren Umgebung und in Europa stattgefunden hat, soll sichtbar gemacht werden.

Von den gewaltigen Ausmaßen des ehemaligen Synagogenhauptraumes kann man sich auf der Freifläche hinter den restaurierten Gebäudeteilen im Rahmen einer Führung überzeugen. Der Grundriss der einstigen Hauptsynagoge ist – in Stein ausgelegt – auf der Freifläche angedeutet und lässt die Dimension des zerstörten Teils erahnen. So bleiben die Narben, die die Geschichte verursacht hat, deutlich sichtbar.

Neue Synagoge
Oranienburger Str. 28/ 30
10117 Berlin-Mitte
Fon 88 02 83 00
Fax 88 02 83 20
www.cjudaicum.de

Neue Synagoge
Große Kuppel, die Eingangsfront wird flankiert von zwei Türmen

Die Topp - Filme zum Reiseführer

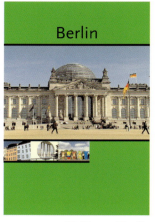

Der Film "Berlin" präsentiert die alte neue Hauptstadt, zeigt Spuren der Vergangenheit und führt den Betrachter zum Teil auf den vielen Wasserwegen durch diese pulsierende Stadt.
(60 Minuten)

DVD Berlin
ISBN 3-9802565-8-8
17,80 Euro

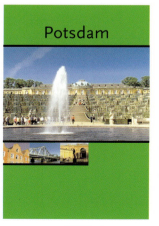

Der Film "Potsdam" zeigt eindrucksvoll dieses Kulturdenkmal. Potsdam, vor den Toren Berlins gelegen, gehört zu den bedeutendsten Plätzen der Weltgeschichte. Lassen Sie sich entführen in diese wunderschöne Stadt.
(45 Minuten)

DVD Potsdam
ISBN 3-9802565-6-1
17,80 Euro

www.verlagschwarzschoenherr.de

S-BAHNHOF FRIEDRICHSTRASSE

Der S-Bahnhof Friedrichstrasse

Wenn Bahnhöfe reden könnten – der Bahnhof Friedrichstraße würde eine unendliche deutsch-deutsche Geschichte erzählen.

Der Bahnhof Friedrichstraße war nach dem Mauerbau 1961 die alleinige Verbindung für Fernbahn, S-Bahn und U-Bahn zwischen den beiden Teilen der Stadt. Dort befand sich der einzige Grenzkontrollpunkt, der mit öffentlichen Verkehrsmitteln erreicht werden konnte. Das Abfertigungsgebäude, ein großer Glaskasten im Fünfziger-Jahre-Stil, der an den Bahnhof angebaut wurde, erhielt den Gesamtberliner Spitznamen „Tränenpalast". Wer je die erschütternden Abschieds- und Wiedersehensszenen erlebt hat, die sich hier abspielten, muss zustimmen, dass der Berliner Volksmund einen treffenden Begriff gefunden hat.

Nach langer Bauzeit ist auch der neue Bahnhof Friedrichstraße fertig. Den „Tränenpalast" übrigens, der ja glücklicherweise überflüssig geworden war, hat man rechtzeitig unter Denkmalschutz gestellt. Heute dient er als Konzert- und Veranstaltungssaal, und bald werden sich die jungen Besucher, die dort die jeweils angesagtesten Bands hören, nicht mehr an die Bedeutung des Namens ihrer location erinnern, obwohl der Glaskasten sich jetzt ganz offiziell so nennt: „Tränenpalast".

TRÄNENPALAST
Nach 1961 Verbindung zwischen beiden Teilen der Stadt, heute Konzertsaal

S-BAHNHOF LEHRTER BAHNHOF

Neuer Lehrter Bahnhof

Der Bau des neuen Zentralbahnhofs ist das zur Zeit wohl spektakulärste Architekturprojekt in Berlin. Im Jahr 2006, zur Fußballweltmeisterschaft, soll Europas größter Umsteigebahnhof fertig gestellt sein.

Auf dem Gelände des im zweiten Weltkrieg zerstörten Lehrter Bahnhofs werden die Ost-West-ICE-Trasse und die neu angelegte Nord-Süd-Verbindung miteinander verknüpft. Die Funktion als Kreuzbahnhof wird auch in dem Architekturkonzept aufgegriffen. Eine Stahl-Glas-Konstruktion überdacht die Bahnhofshalle der Ost-West-Trasse. Sie wird gekreuzt von zwei parallelen Gebäuderiegeln, welche die Überdachung der tiefer geführten Nord-Süd-Verbindung einrahmen. Die filigrane transparente Hallenkonstruktion ist ein imposantes Beispiel modernen Bahnhofsbaus. Nicht nur wegen seiner Architektur, sondern auch aufgrund der erstmaligen Verbindung von Ost-West- und Nord-Süd-Linien ist der Lehrter Bahnhof ein wichtiges Bauwerk Berlins.

Hamburger Bahnhof

Mit der Eröffnung des Museums für Gegenwart im Hamburger Bahnhof im November 1996 hat die Nationalgalerie zusätzlich einen ständigen Ausstellungsort für die Kunst der Gegenwart erhalten, der sich durch das rege Ausstellungsprogramm ständig wandelt.

Auf einer Ausstellungsfläche von rund 10.000 Quadratmetern wird Kunst ab der zweiten Hälfte des 20. Jahrhunderts gezeigt. Die Bestände setzen sich aus Exponaten der Staatlichen Museen zu Berlin und aus Werken der Berliner Privatsammlung Erich Marx zusammen. Grundstock der Sammlung Marx bilden Werke von weltbekannten Künstlern wie Andy Warhol, Cy Twombly, Robert Rauschenberg, Roy Lichtenstein,

Anselm Kiefer und Joseph Beuys. Darüber hinaus gehören über 450 Zeichnungen von Joseph Beuys und nahezu 60 Blätter von Andy Warhol zu den Beständen. Ebenso sind Werkgruppen von Malern der italienischen „Transavanguardia" und Vertretern der „Minimal Art" ausgestellt.

HAMBURGER BAHNHOF
Museum der Gegenwart

Der englische Künstler Richard Long mit seinem „Berlin Circle" und Günther Uecker suchen in den Arbeiten den direkten Bezug zum Ort. Ebenso ließen sich die Künstler Gerhard Merz und Dan Flavin vom Haus inspirieren. Das gesamte Erdgeschoss im westlichen Ehrenhofflügel ist Arbeiten von Joseph Beuys gewidmet. Darunter befinden sich bekannte Installationen wie „Das Ende des 20. Jahrhunderts", „Unschlitt/Tallow" und die aus 100 Holztafeln bestehende Arbeit „Richtkräfte".

Bewusst wurde auf eine historisch festgelegte Präsentation der Werke verzichtet und ein offenes, sammlungsübergreifendes Konzept gewählt, das alle von Künstlern benutzten Medien einschließt. Historische Gebäudeteile mit außergewöhnlichen Raumhöhen, moderne Anbauten mit geometrisch klaren Grundrissen und Lichtdecken bieten ideale Voraussetzungen für die Präsentation von moderner Kunst und ein reizvolles Ambiente für Veranstaltungen.

> Hamburger Bahnhof, Museum für Gegenwart
> Invalidenstr. 50-51
> Infotelefon 39 78 34 11
> Fax 20 90 55 02

S-BAHNHOF HANSAPLATZ

Hansaviertel

Das Hansaviertel liegt am Rande des Tiergarten, zwischen dem Großen Tiergarten und der Spree. Heute ist es nicht nur eine begehrte innerstädtische Wohngegend, sondern ein Dorado für Architekturinteressierte – sofern sie für den Stil der Moderne schwärmen.

Bebaut wurde dieses Gebiet schon seit 1875 mit Villen und anspruchsvollen Wohnhäusern. Seinen Namen erhielt es nach dem im 12. Jahrhundert gegründeten Städtebund der Hansa oder Hanse, dem auch – wer hätte das gewusst? – Berlin zeitweilig angehörte. Im Jahre 1861 wurde das Hansaviertel zusammen mit Moabit nach Berlin eingemeindet.

Das alte Hansaviertel wurde während des Zweiten Weltkrieges durch Bombenangriffe – insbesondere im November 1943 – fast total zerstört. Ein neu gestalteter Wiederaufbau erfolgte im Rahmen der „Internationalen Bauausstellung Berlin 1957" zwischen 1955 und 1960. Der Bebauungsplan wurde unter Leitung des Architekten Otto Bartning ausgearbeitet und umfasste 48 Objekte, die heute unter Denkmalschutz stehen. An der Bauausführung beteiligten sich 48 Architekten aus 13 Ländern, darunter so namhafte Repräsentanten moderner Architektur wie Alvar Aalto, Eugène Beaudouin, Luciano Baldessari, Werner Düttmann, Egon Eiermann, Walter Gropius, Bruno Grimmek, Oscar Niemeyer, der übrigens während seiner Arbeit am Hansaviertel den Auftrag für die Dschungelmetropole Brasilia erhielt, und Max Taut.

Das Hansaviertel ist für Berlin auch deshalb von besonderer stadthistorischer Bedeutung, weil es im Wiederaufbau nach dem Zweiten Weltkrieg die westliche Antwort auf das groß angelegte Aufbauwerk Ost darstellte, das im propagandistischen Wettbewerb der beiden Stadthälften – und Systeme – in den fünfziger Jahren eine bedeutende Rolle spielte. Kernstück des Aufbauwerkes Ost war der Bau der Stalinallee von 1952/53.

UNTERWEGS IM WESTLICHEN ZENTRUM BERLINS

Kurfürstendamm

Der Kurfürstendamm ist die beliebteste Flanier- und Einkaufsstrasse der Hauptstadt – immer noch. Unzählige Warenhäuser, Fachgeschäfte, Boutiquen, Hotels, Restaurants, Cafes, Bars, Kinos und Theater haben sich hier niedergelassen.

Als Reitweg des Kurfürsten Joachim II. zum Jagdschloss im Grunewald wurde der heutige Kurfürstendamm im 16. Jahrhundert errichtet. Etwa dreihundert Jahre später erfolgte der Ausbau zur großen Verbindungsstraße zum Grunewald auf Veranlassung Bismarcks.

In den Zwanzigern entwickelte er sich zum Treffpunkt der intellektuellen Welt mit zahlreichen Theatern, Cafés und Nachtclubs. Hier entstand 1913 das „Marmorhaus" als erster Filmpalast, der jedoch wie viele andere Kinos am Kurfürstendamm in letzter Zeit schließen musste.

Kurfürstendamm
Immer noch die beliebteste Flanier- und Einkaufsstraße

Die Folgen des Zweiten Weltkriegs waren verheerend: Nahezu die Hälfte der Bebauung der prachtvollen Häuserfassaden beiderseits des Boulevards sind zerstört, der Rest erheblich beschädigt worden.

Nach den Zerstörungen im Zweiten Weltkrieg wurde der Kurfürstendamm in den Fünfzigern mit Hochhäusern und Zeilenbauten neu bebaut – und teilweise kahlsaniert. Heute prägen Neubauten das Bild des Ku'damms, der sich auf insgesamt 3,5 Kilometer Länge mit bis zu 53 Metern Breite von Halensee, wo die Villenkolonien des Berliner Westens beginnen, bis zum Breitscheidplatz erstreckt. Der belebte obere Teil des Kurfürstendamms und seiner Verlängerung nach Osten, der Tauentzienstraße, ist geprägt durch zahlreiche Kaufhäuser und Modegeschäfte. Der untere Teil ist ruhiger, hier sind in den prachtvollen Jahrhundertwendebauten die Läden der Designermarken angesiedelt.

Nach wie vor ist der Kurfürstendamm der Renommierboulevard Berlins, auf dem gerade wieder viele neue Bauten entstehen. Im Jahre 2001 wurde das neue Kranzlereck mit Büros, Geschäften und einem neuen Café in der traditionellen Rotunde mit rot-weiß gestreifter Markise eröffnet. Das schräg gegenüber liegende Ku'damm-Eck an der Kreuzung zur Joachimsthaler Straße, eine Bausünde der Sechziger, wurde abgerissen und neu bebaut. Gegenüber dem Café Kranzler steht noch immer eine Verkehrskanzel als stählernes Dokument der in den 50er Jahren beginnenden Autoversessenheit. Mit ihrer Kombination von Kiosk, Telefonhäuschen, Toilette und U-Bahneingang gilt sie bis heute als beispielhaft-urbanes „Straßen-Möbel". Allerdings wurde aus ihrer Höhe selten der Verkehr geregelt. Heute steht die Kanzel unter Denkmalschutz. Am Lehniner Platz liegt die Schaubühne, ein Klinkerbau im expressiven Stil der zwanziger Jahre. In den ruhigen Seitenstraßen wie der Fasanenstraße, der nobelsten Einkaufsmeile der Stadt, befinden sich viele kleine edle Boutiquen und Cafés in den Bauten der Jahrhundertwende.

Schloss und Park Charlottenburg

Die Schlossanlage Charlottenburg ist ein bedeutendes Zeugnis des Barock. Und der Park eines der beliebtesten Ausflugsziele der Berliner Großstädter. Hier herrscht immer eine ganz unberlinerische Kurort-Atmosphäre.

Der Park wurde 1697 als französischer Barockgarten von dem berühmten Gartenarchitekten Siméon Godeau mit Broderie-Parterre und Brunnenanlage angelegt. Das Schloss selbst wurde als Sommerresidenz der Kurfürstin Sophie Charlotte nach Entwürfen des Architekten Johann Arnold Nehring errichtet und anlässlich der Krönung ihres Gatten Friedrich zum ersten preußischen König 1701 zu einer repräsentativen Anlage von Johann Friedrich Eosander ausgebaut.

Ende des 18. Jahrhunderts begann die Umgestaltung und Erweiterung des Barockgartens in einen englischen Landschaftsgarten durch die Hofgärtner Johann August Eyserbeck und Georg Steiner. Ab 1819 setzte Peter Joseph Lenné diese Entwicklung fort und löste die barocke Anlage völlig auf. Es entstanden großräumige Rasenpartien mit Baum- und Strauchgruppen. Nach den Zerstörungen durch den Zweiten Weltkrieg wurde der Park ab 1950 in Anlehnung an den ursprünglichen

Schloss Charlottenburg
Imposante Schlossanlage, dahinter der Park

Zustand wiederhergestellt. Das Broderie-Parterre wurde im Frühjahr 2001 originalgetreu rekonstruiert und lädt nunmehr wieder zum Flanieren ein.

Von der Schlossterrasse aus hat man einen weiten Blick über das Parterre und den anschließenden Karpfenteich. Die zahlreichen Liegewiesen im landschaftlichen Teil des Parks werden zum Sonnen, Spielen und Picknicken ausgiebig genutzt. Der Trümmerberg im Norden der Anlage ist im Winter ein beliebter Rodelhang. Hier befindet sich auch ein Kinderspielplatz. In den im Westen vor der Orangerie gelegenen schattigen Heckenquartieren (Boskette) gibt es ruhige Plätze zum Verweilen.

Zu den Besonderheiten im Park, der sich über eine Fläche von mehr als 53 ha ausdehnt, zählen das Belvedere, die Luiseninsel und das Mausoleum für Königin Luise und Wilhelm I., die man unbedingt besuchen sollte. Auch das Schloss und seine Nebengebäude laden zur Besichtigung ein. Vom Schlosspark aus kann man am Südufer der Spree entlang bis Ruhleben oder zur Dovebrücke und von dort weiter am Landwehrkanal entlang bis in den Großen Tiergarten wandern.

Charlottenburger Museen

Die Museumsbauten des Standortes Charlottenburg gruppieren sich verstreut in und um das Schloss Charlottenburg. Das im 17. und 18. Jahrhundert errichtete Barockschloss beherbergte bis 2001 die Galerie der Romantik. Im angrenzenden Langhansbau befindet sich das Museum für Vor- und Frühgeschichte.

Direkt gegenüber dem Kuppelbau des Schlosses beginnt die Schlossstraße mit den beiden 1851 nach Plänen von Stüler errichteten Kopfbauten. Sie beherbergen die Sammlung des Ägyptischen Museums und die Sammlung Berggruen. Das Gebäude der Gipsformerei befindet sich, einen kleinen Fußmarsch entfernt, in der Sophie-Charlotte-Straße und schließt das Museumsensemble ab.

Museum für Vor- und Frühgeschichte

Das Museum besitzt eine der größten überregionalen Sammlungen zur Vor- und Frühgeschichte der Alten Welt. In den sechs Ausstellungssälen werden Zeugnisse der prähistorischen Kulturen Europas und Vorderasiens von ihren Anfängen bis ins Mittelalter gezeigt.

Der Rundgang beginnt mit der Darstellung der Menschwerdung, den ältesten Werkzeugen und künstlerischen Äußerungen der Menschen der Altsteinzeit (ab ca. 40.000 v. Chr.). Ausgehend von den frühen Ackerbaukulturen und der Stadtentwicklung im Alten Orient werden die jungsteinzeitlichen Kulturen Europas als Zeugnisse der Entstehung bäuerlicher Siedlungen vorgestellt.

Im Bronzezeitsaal (ab ca. 2. Jahrtausend v. Chr.) stehen die Themen Metallurgie, Handel und Verkehr, Lebenswelten, Tod und Jenseitsglaube im Mittelpunkt. Im Anschluss daran lädt der Rundgang zur Besichtigung der größten prähistorischen Kaukasus-Sammlung außerhalb Russlands ein.

Der folgende Saal ist dem großen Komplex der europäischen Eisenzeit (ab ca. 700 v. Chr.) gewidmet. Hier werden insbesondere herausragende Zeugnisse der Gesichtsurnen-, Hallstatt-, Latène- und Jastorfkultur gegenübergestellt. Römerzeitliche Funde aus dem freien Germanien und kunsthandwerkliche Produkte aus den Römischen Provinzen schließen sich an. Hervorzuheben ist dabei die provinzialrömische Glaskunst.

Mit völkerwanderungszeitlichem Schmuck aus Südrussland beginnt das frühe Mittelalter (ab 5. Jh. n. Chr.), das in den folgenden Vitrinen durch merowinger- und karolingerzeitliche, awarische und alt-prussische sowie slawische Funde vertreten ist. Zum Abschluss des chronologischen Rundgangs wird ein Einblick in die Archäologie des deutschen Hochmittelalters gegeben.

Ein besonderer Höhepunkt ist schließlich die Schliemann-Sammlung mit den berühmten „Trojanischen Altertümern" aus dem mehr als 3000 Jahre bewohnten Siedlungshügel Hissarlik im westlichen Kleinasien.

Das Ägyptische Museum

Das Ägyptische Museum besitzt weltweit eine der bedeutendsten Sammlungen ägyptischer Hochkultur. Mit den Kunstwerken der Zeit des Königs Echnaton (um 1340 v. Chr.) aus Tell el-Amarna erreicht das Museum Weltniveau. Berühmte Werke wie die Büste der Königin Nofretete, das Porträt der Königin Teje und der bekannte „Berliner Grüne Kopf" ziehen jährlich etwa 500.000 Besucher an.

Das Ägyptische Museum zeigt seine eindrucksvoll inszenierte Sammlung in Charlottenburg im klassizistischen Stüler-Bau gegenüber vom Schloss. Über 2000 Meisterwerke dokumentieren die Epochen Altägyptens. So sind Statuen, Reliefs und Objekte der Kleinkunst von 3000 v. Chr. bis in die Zeit der Römer ausgestellt. Daneben beeindrucken monumentale Werke der ägyptischen Architektur.

Neben der Büste der Königin Nofretete, deren Bemalung sich seit der Amarna-Zeit ohne Restaurierung erhalten hat, sind die Porträtköpfe der Königsfamilie und der Mitglieder des Königshofes einzigartig. Als bedeutendstes Werk der ägyptischen Spätzeit gilt der nach seiner Gesteinsfarbe benannte „Berliner Grüne Kopf" (500 v. Chr.).

Die Monumentalität der altägyptischen Architektur ist beim Durchschreiten des Kalabscha-Tores (20 v. Chr.) und der großen Säulenhalle aus dem Pyramidentempel des Königs Sahure (2400 v. Chr.) erlebbar.

Die Sammlung Berggruen

In Berlin ist eine der bedeutendsten privaten Sammlungen der Welt zu sehen. Die Sammlung Berggruen zeigt herausragende Werke der Klassischen Moderne. Zu den Künstlern gehören u.a. Picasso, Braque, Klee, Laurens und Giacometti.

SCHLOSS CHARLOTTENBURG
Neben der Museumsinsel das zweite große Museumsquartier Berlins

Die Sammlung Berggruen befindet sich im Stülerbau gegenüber dem Schloss Charlottenburg. Unter dem Titel „Picasso und seine Zeit" werden auf drei Etagen Gemälde, Skulpturen und Arbeiten auf Papier gezeigt. Im Zentrum der Sammlung steht mit über 70 Exponaten das Werk Picassos. Sein Schaffen ist in all seinen Facetten von der Studienzeit bis zu den ganz späten Jahren dargestellt. Die Rosa und Blaue Periode ist ebenso vertreten wie die Phase des Kubismus und Klassizismus. In den sinnlich heiteren Bildern der Spätzeit vereinen sich unterschiedliche stilistische Merkmale.

Den zweiten Schwerpunkt der Sammlung bilden Arbeiten von Paul Klee. Kleinformatig und fragil zeichnen sie die poetische Welt des Malers von 1917 bis 1940. Umgeben sind die beiden Künstler von ihren Vorläufern und Anregern Cézanne, Van Gogh und Beispielen afrikanischer Kunst. Werke ihrer großen Zeitgenossen Braque, Giacometti und Laurens sind ebenfalls ausgestellt.

Die Sammlung wird ständig erweitert. Seit ihrer Eröffnung 1996 wurden 17 zusätzliche Werke angekauft. Darunter befinden sich drei Arbeiten von Matisse und die bedeutendste Erwerbung, der großformatige „Liegende Akt" von Picasso.

Die Gipsformerei

Die Gipsformerei ist die weltgrößte Institution dieser Art. Seit über 150 Jahren werden hier Repliken aus überwiegend Berliner, aber auch aus anderen europäischen Museen angefertigt. Dadurch repräsentiert sie einzigartig ein Stück Kultur- und Architekturgeschichte der Berliner Museen.

Der Bestand der Gipsformerei wuchs seit ihrem Bestehen auf mehr als 6.500 Formen an. Sie geben Kunstwerke aus allen großen Kulturen und Zeiten der Welt in Originalgröße wieder. Im Sammlungsbestand befinden sich Abgüsse beginnend von der Frühzeit Europas und Vorderasiens über die klassischen Kunstwerke Ägyptens, der griechischen und römischen Antike, aber auch Afrikas, der Skulpturen des Mittelalters, des Barocks und der Renaissance bis hin zu den Persönlichkeiten des 18./19. Jahrhunderts, des Klassizismus und der Neuzeit sowie viele Abformungen der indischen Kulturen, einige aus China und der Südsee.

Einzigartig ist, dass der gesamte Formenbestand als käufliche Abgüsse für jedermann zugänglich ist. Hier kann jeder Interessent sich seinen Abguss auswählen, von kleinen Gemmen und Siegeln, Plaketten und Medaillen bis zu überlebensgroßen Skulpturen und berühmten Statuengruppen. Für die Auswahl stehen nach Kulturen geordnet verschiedene Kataloge zur Verfügung.

Der größte vollplastische Gipsabguss ist der so genannte Farnesische Stier, der aus einer alten Gipsform hergestellt wurde und mit einer Höhe, Breite und Tiefe von jeweils 3,80 Meter.

Das von außen eher klein wirkende Gebäude ist großzügig und im Stil der Fabrikarchitektur gebaut. Über einem hufeisenförmigen Grundriss erhebt sich ein vierstöckiger Bau. Dort sind neben einem Ausstellungs- und Verkaufsraum auch die Werkstätten und die Lager mit einer Fläche von rund 6000 Quadratmetern untergebracht.

TIPPS

Berlin mit S-Bahn und Buslinie 100/200
... und was Sie sonst noch wissen müssen über den
  Berlin Verkehr   140

Mit guter Planung Geld Sparen   141

Tipp 1   Mit der Panorama-S-Bahn durch Berlin   142

Tipp 2   Zum Prenzlauer Berg mit der Tram   143

Tipp 3   Ausflüge in Berlin und Umland   143

Spezial-Tipp   Stadtführungen   144

BERLIN MIT S-BAHN UND BUS-LINIE 100/200

... UND WAS SIE SONST NOCH WISSEN MÜSSEN ÜBER DEN BERLIN-VERKEHR

Berlin ist weitläufig – deshalb empfiehlt es sich, das dichte und gut funktionierende Verkehrsnetz mit hoher Taktfrequenz zu nutzen. Dieses öffentliche Verkehrssystem ist die Lebensader der Stadt: mit U-Bahn-, S-Bahn-, Bus- und Straßenbahnlinien (diese heißen in Berlin Tram). Dazu kommen die privaten Schifffahrtslinien (im Sommer unbedingt mitmachen). Letzter Trend in der Personenbeförderung sind die rikschaähnlichen Fahrräder, die mit Muskelkraft von freundlichen Studentinnen und Studenten betrieben werden.

S-BAHN

Kundentelefon 29 74 33 33
www.s-bahn-berlin.de
Kundenbüro am Nordbahnhof, Invalidenstrasse 19,
10115 Berlin

WelcomeCard, Tageskarten u.a. gibt es in den Kundenzentren. Diese finden Sie u.a. im Bahnhof Alexanderplatz, Friedrichstrasse, Ostbahnhof, Zoologischer Garten, Treptower Park.

BVG

Kundentelefon 19 44 9
www.bvg.de mit fahrinfo-online
BVG-Stadttouristik
Telefon 25 62 65 70

BAHNHOF FRIEDRICHSTRASSE
Von hier aus erschließt sich Ihnen der Bereich Unter den Linden/Museumsinsel

Mit guter Planung Geld sparen

Wir erinnern hier noch einmal an die Berliner Welcome-Card (siehe Seite 22). Nach der Entwertung können sie 72 Stunden kreuz und quer durch Berlin fahren, mit der S-Bahn, der U-Bahn, dem Bus und der Tram (Straßenbahn). Mit vielen Preisermäßigungen für touristische und kulturelle Attraktionen.

Einzelfahrausweise für S-Bahn, U-Bahn und Bus/Tram gelten 120 Minuten, in dieser Zeit können Sie so häufig umsteigen, wie Sie wollen. Im gesamten Stadtgebiet Berlin und noch weiter, entsprechend des gewählten Tarifs.

Tageskarten gelten ganztägig bis zum Folgetag 3 Uhr, schließen also auch den Absacker in der Oranienburger Strasse mit ein.

Die WelcomeCard erhalten Sie an den Verkaufsstellen der S-Bahn Berlin, der BVG oder der Berlin Tourismus. Einzelfahrausweise und Tageskarten erhalten Sie an allen U- und S-Bahnhöfen, an den Fahrausweisautomaten oder einfach bei Fahrtantritt in den Bussen und Straßenbahnen.

Alle Servicestellen der S-Bahn oder BVG informieren Sie auch über Sondertarife.

Tipp 1 Mit der Panorama-S-Bahn durch Berlin

In komfortablen Sesseln sitzen, sich mit Getränken verwöhnen lassen und dann Berlin durch die großzügig verglaste S-Bahn Berlin genießen – das alles können Sie mit dem Panorama-Zug der S-Bahn. Ein Reiseleiter erläutert die Sehenswürdigkeiten, das alte und neue Berlin, die technischen Denkmale. Sa und So 11:06, 13:06 und 15:06 ab Ostbahnhof (Gleis 9) über den gesamten S-Bahn-Ring, also auch durch den ganzen ehemaligen Osten. Die Fahrt dauert 80 Minuten. Fahrkarten kosten ca. 15 Euro für Erwachsene, Kinder ca. die Hälfte. Karten gibt es in den S-Bahn-Kundenzentren, in den Bahnhöfen Alexanderplatz, Friedrichstrasse, Ostbahnhof und Zoologischer Garten. Infos unter 29 74 33 33.

Die Panorama-S-Bahn
Komfortabel und mit Reiseleiter zu den Höhepunkten der Stadt

ALEXANDERPLATZ
Ausgangspunkt für Erkundungen im Ostteil

TIPP 2 ZUM PRENZLAUER BERG MIT DER TRAM

Mitten durch das Neue Berlin und den Szenebezirk Prenzlauer Berg fährt die City Tour-Straßenbahn, so die Bezeichnung der BVG. Diese Tour ist eine ideale Ergänzung unseres Rundganges oder unserer Rundfahrt im Bezirk Mitte. Denn hier kommen Sie über Hackescher Markt, Friedrichstrasse, Kupfergraben (Pergamonmuseum) zum Prenzlauer Berg.

Hauptabfahrtstelle ist der U-Bahnhof Alexanderplatz. Fr, Sa und So/feiertags 10:58, 12:58, 14:58. Fahrtdauer 1 Stunde. Tickets für ca. 6 Euro (Kinder ca. die Hälfte), Tickets direkt in der Straßenbahn.

TIPP 3 AUSFLÜGE IN BERLIN UND UMLAND

Mit der S-Bahn können Sie sehr schnell die Sehenswürdigkeiten in den Berliner Außenbezirken und im Brandenburger Umland erreichen. Dafür hält die S-Bahn Ausflugsflyer bereit, die Sie in den Kundenzentren erhalten können – kostenlos. Unsere Empfehlung für Kurzbesucher: Wenn Sie noch einige Stunden Zeit haben, sollten Sie Potsdam besuchen – die S-Bahn

HAUPTBAHNHOF POTSDAM
Der Bus 695 steht direkt vor der Tür

bringt Sie in einer guten halben Stunde direkt und ohne umsteigen vom Bahnhof Friedrichstrasse hin. Mit der Regionalbahn brauchen Sie sogar nur 20 Minuten. Der Bus 695 steht dann vor dem Ausgang des Hauptbahnhofs in Potsdam: Einsteigen – und Lust auf Potsdam bekommen. Mit diesem Bus sehen Sie das Wichtigste von Potsdam (Buchempfehlung: Potsdam in 24 Stunden).

SPEZIAL-TIPP

Wollen Sie abseits unseres roten Fadens durch Berlin mehr über die Stadt erfahren, Hintergründe und Hinterhöfe kennenlernen, den Blick auf Kunst und Kultur in der Gemäldegalerie, der Alten Nationalgalerie oder im Pergamonmuseum geschärft bekommen, dann empfehlen wir Ihnen, sich eines versierten Stadtführers oder einer Stadtführerin anzuvertrauen. Es gibt kaum eine bessere Möglichkeit, in kurzer Zeit konzentriert mehr über Berlin zu erfahren. Infos beim MD Berlin, SMPK, Berlin Tourismus Marketing.

Und falls Sie gleich direkt eine Empfehlung benötigen: Elisabeth Schielzeth, Fon 601 01 07 oder 0173/23 23 525, www.stadtfuehrungenberlin.de

REGISTER

ÄGYPTISCHES MUSEUM 135
ALEXANDERPLATZ 104
ALTE NATIONALGALERIE 92
ALTES MUSEUM 90
AQUARIUM 30
BAHNHOF FRIEDRICHSTRASSE 125
BAHNHOF, HAMBURGER 126
BAHNHOF, LEHRTER 126
BAHNHOF ZOO 26
BAND DES BUNDES 72
BAUHAUS ARCHIV 40
BELLEVUE, SCHLOSS 52
BERGGRUEN, SAMMLUNG 135
BERLINER DOM 98
BODEMUSEUM 94
BOTSCHAFTSVIERTEL 38
BRANDENBURGER TOR 74
BREITSCHEIDPLATZ 34
BRUNNEN DER
    VÖLKERFREUNDSCHAFT 105
BUNDESPRÄSIDIALAMT 52
BYZANTINISCHE KUNST, MUSEUM FÜR 94
CAFÉ EINSTEIN 79
CAFÉ KRANZLER 130
CARILLON 62
CENTRUM JUDAICUM 121
CHARLOTTENBURGER MUSEEN 133
CHARLOTTENBURG, SCHLOSS 132
CHECKPOINT CHARLIE 80
DEUTSCHE GESCHICHTE,
    MUSEUM FÜR 85
DEUTSCHE STAATSOPER 82
DEUTSCHER DOM 115
DEUTSCHES HISTORISCHES MUSEUM 84
DOM, BERLINER 98
DOM, DEUTSCHER 115
DOM, FRANZÖSISCHER 115
EINSTEIN, CAFÉ 79
EPHRAIMPALAIS 112
EUROPA-CENTER 35
FERNSEHTURM 102
FILMMUSEUM BERLIN 55
FRANZÖSISCHER DOM 115
FRIEDRICHSTRASSE 80
FRIEDRICHSTRASSE, BAHNHOF 125
GALERIES LAFAYETTE 81
GEDÄCHTNISKIRCHE 32
GEDENKSTÄTTE DER BUNDESREPUBLIK
    DEUTSCHLAND, ZENTRALE 107
GEGENWART, MUSEUM FÜR 126
GEMÄLDEGALERIE 48
GENDARMENMARKT 113
GIPSFORMEREI 137
GOLDELSE 44
GROSSER STERN 44
HACKESCHE HÖFE 118
HAMBURGER BAHNHOF 126
HANSAPLATZ 128
HANSAVIERTEL 128
HAUS DER KULTUREN DER WELT 58
HAUS DES LEHRERS 105
HISTORISCHES MUSEUM, DEUTSCHES 84
HOTEL ADLON 77
HUMBOLDT-UNIVERSITÄT 109
JAKOB-KAISER-HAUS 73
JUDAICUM, CENTRUM 121
KANZLERAMT 72
KIRCHE, ST. MATTHÄUS- 48
KNOBLAUCHHAUSES 112
KOMMUNIKATION, MUSEUM FÜR 66

Kongresshalle 58
Konzerthaus 115
Kronprinzenbrücke 72
Kronprinzenpalais 83
Ku'damm 129
Kulturen der Welt, Haus der 58
Kulturforum 48
Kunstgewerbemuseums 49
Kupferstichkabinett 49
Kurfürstendamm 129
Lafayette, Galeries 81
Lehrers, Haus des 105
Lehrter Bahnhof 126
Löbe-Haus, Paul- 72
Lüders-Haus, Marie-Elisabeth- 72
Lustgarten 88
Marie-Elisabeth-Lüders-Haus 72
Marienkirche 106
Matthäus-Kirche, St. 48
Michelangelostrasse 23
Multiplexe 55
Münzkabinett 94
Museum für Byzantinische Kunst 94
Museum für Deutsche Geschichte 85
Museum für Gegenwart 126
Museum für Kommunikation 66
Museum für Vor- und Frühgeschichte 134
Museumsinsel 88
Musikinstrumenten-Museum 50
Nationalgalerie, Alte 92
Nationalgalerie, Neue 49
Neptunbrunnen 100
Neue Nationalgalerie 49
Neue Synagoge 121
Neue Wache 107
Neuer Lehrter Bahnhof 126
Neues Museum 94
Nikolaikirche 111
Nikolaiviertel 111
Nordische Botschaften 38
Operncafé 83
Oranienburger Strasse 120
Palast der Republik 95
Palazzo Prozzo 95
Pariser Platz 77
Paul-Löbe-Haus 72

Pei-Bau 85
Pergamonmuseum 90
Pietà 109
Platz der Akademie 113
Platz der Republik 68
Potsdamer Platz 54
Potsdamer Platz-Arkaden 56
Prinzessinnen-Palais 83
Quadriga 75
Rathaus, Rotes 100
Reichstagsgebäude 68
Restaurant des Fernsehturmes 103
Restaurant Tucher 77
Rotes Rathaus 100
Sammlung Berggruen 135
Sauerorgel 98
Schauspielhaus 115
Schloss Bellevue 52
Schloss Charlottenburg 132
Schlossplatz 97
Schwangere Auster 58
Siegessäule 44
Skulpturensammlung 94
Sony Center 55
Spreebogen 72
St. Matthäus-Kirche 48
Staatsoper, Deutsche 82
Staatsratsgebäude 97
Stadtschloss 95
Tacheles 120
Tiergarten 41
Tränenpalast 125
Tucher, Restaurant 77
TV-Turm Alexanderplatz 102
Universität, Humboldt- 109
Unter den Linden 78
Viktoria 44
Vor- und Frühgeschichte, Museum für 134
Wache, Neue 107
Wasserklops 34
Weltkugelbrunnen 34
Weltzeituhr 105
Zentrale Gedenkstätte der Bundesrepublik Deutschland 107
Zeughaus 84
Zoo, Bahnhof 26
Zoologischer Garten 28

AUTOR

Reiner Elwers, geboren 1954 in Hamburg. Nach dem Studium der Publizistik langjährige Tätigkeit als Lektor in einem Verlag für Berlin-Brandenburger Reiseliteratur. Arbeitet heute als freier Reisejournalist und Buchautor. Im L&H Verlag von ihm erschienen:
  Berlins unbekannte Kulturdenkmäler / 1. Auflage
  Linie 36 – Hamburg-Bus-Tour in 38 Minuten
  Stadtführer für alle Fälle – Berlin und seine öffentlichen
    Toiletten

FOTOS

Christoph Buckstegen absolvierte ein Studium für Foto/Filmdesign an der FH Bielefeld. Arbeitet freiberuflich für Magazine und Werbung. Veröffentlichungen in verschiedenen Bildbänden, diverse Auszeichnungen und zahlreiche Ausstellungen im In- und Ausland. Lebt seit 1995 in Berlin.

Alle in diesem Buch enthaltenen Angaben wurden von den Autoren und der Redaktion mit großer Sorgfalt geprüft, zusammengestellt, kontrolliert. Trotzdem kann es in Hinblick auf das Produkthaftungsrecht zu Fehlern kommen. Daher sind alle Angaben ohne Verpflichtung und Garantie der Autoren und des L&H Verlages zu sehen. Eine Verantwortung oder Haftung ist deshalb auszuschließen.
Über Korrekturhinweise und Anregungen freuen wir uns:
L&H Verlag, Barnerstr. 14, 22765 Hamburg, E-Mail: kontakt@LH-Verlag.de

HOTEL
BRANDENBURGER HOF
Berlin

Für Gourmets und Bonvivants.

Unweit des Kurfürstendamm erwartet Sie

eine Oase der Privatheit und des Genießens:

das kleine Luxushotel BRANDENBURGER HOF.

Die zeitlose Eleganz der Zimmer und Suiten, das Sternerestaurant

DIE QUADRIGA, der üppig begrünte Wintergarten

und natürlich der erstklassige Service –

hier finden Sie alles, was zur Lebensfreude in Berlin gehört.

HOTEL BRANDENBURGER HOF   Eislebener Straße 14   10789 Berlin
Tel. +49-30-2 14 05-0   Fax +49-30-2 14 05-100
info@brandenburger-hof.com   www.brandenburger-hof.com

IMPRESSUM

© Copyright L&H Verlag GmbH
Barnerstraße 14, D-22765 Hamburg
Fon 040/398 34 290
Fax 040/398 34 299
ISDN 040/398 34 297
E-Mail kontakt@LH-Verlag.de
www.LH-Verlag.de

Alle Rechte beim L&H Verlag, Reproduktionen, Speicherungen in Datenverarbeitungsanlagen, Wiedergabe auf elektronischen, fotomechanischen, fotografischen oder anderen Wegen über TV, Funk oder als Vortrag – auch auszugsweise – nur mit ausdrücklicher Genehmigung des Verlages.

IDEE, KONZEPT UND LAYOUT Wolfgang Henkel, L&H Verlag, Hamburg
REDAKTION Wolfgang Henkel und Stefan Seufert, beide L&H Verlag
WISSENSCHAFTLICHE BERATUNG Haus der Brandenburgisch-Preußischen
   Geschichte, Potsdam, Gert Streidt/Andreas Bernhard
AUTOR Reiner Elwers siehe Seite 148
FOTOS L&H Verlag/Christoph Buckstegen (S. 148), außer:
   S. 17 und Rücktitel Mitte oben S-Bahn Berlin
   S. 54, 55, 56 Sony Entertainment Berlin/P. Adeni
   S. 101 Karl-Heinz Kraemer/TV-Turm Alexanderplatz
KARTEN L&H Verlag, Hamburg/Kontur, Berlin
GESTALTUNG Stefan Seufert und Wolfgang Henkel, beide L&H Verlag
SATZ Stefan Seufert, L&H Verlag, Hamburg
PRODUKTION Druckerei zu Altenburg, Altenburg

Bibliografische Information der Deutschen Bibliothek
Die Deutsche Bibliothek verzeichnet diese Publikation in der Deutschen
Nationalbibliografie; detaillierte bibliografische Daten sind im Internet
über <http://dnb.ddb.de> abrufbar.

ISBN 3-928119-80-X

2003

Kammeroper Schloss Rheinsberg
Photo: Fieguth

Konzerte, Oper, Tanz, Theater, Film, Literatur und Bildende Kunst
Von Heiligengrabe bis Cottbus, von Gartz an der Oder bis Saxdorf, in Schlössern und Scheunen, in Parks und Gärten, in Klöstern und Kirchen erklingen Barockmusik und Chorkonzerte, erleben Sie Tanztheater, Lesungen, zeitgenössische Musik und Theateraufführungen, Zirkus- und Opernvorstellungen, Ausstellungen und Filme: Die Kulturfeste im Land Brandenburg präsentieren Ihnen mit über 50 Veranstaltungsreihen und Festivals und mehr als 800 Veranstaltungen jedes Jahr ein abwechslungsreiches Kulturangebot im ganzen Land Brandenburg.

...ltur in Klöstern
...Brandenburgs Geschichte spielen die Klöster eine heraus-...gende Rolle. Ende des 12. Jahrhunderts wurden die ersten ...terzienserklöster gegründet, bald folgten die Orden der ...minikaner und Franziskaner. Mit der Reformation im ... Jahrhundert und der Säkularisierung im 19. Jahrhunderts ...fielen einige der Klosteranlagen, andere wurden zu ...nenhäusern, Schulen oder Lagerhallen; baulich am ...sten erhalten blieben die aus den Klöstern hervor-...gangenen Stifte.

...ute sind die brandenburgischen Klöster bedeutende ...nkmale vergangener Kunst und Kultur. Wie ehedem sind ... auch Orte der Besinnung und Entspannung.

...Rahmen der Kulturfeste im Land Brandenburg werden die ...ster in Chorin und Zinna, in Neuzelle und Lehnin, in ...enzlau und Jüterbog, in Brandenburg an der Havel sowie in ...iligengrabe mit Musik, Theater und Ausstellungen neu ...ebt und so zum Anziehungspunkt für ein breites Publikum.

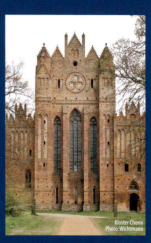

Kloster Chorin
Photo: Wichtmann

...sik im Grünen Buckow
...o: Badura

Kulturfeste Open Air
Kultur unter freiem Himmel erleben Sie in der Märkischen Schweiz bei Klassik im Grünen Buckow, auf dem Hof der Fercher Obstkisten-Bühne, bei Open Air Klassik Hoppegarten auf der Rennbahn, beim Theatersommer Netzeband, der Kammeroper Schloss Rheinsberg, den Schlosspark-Festspielen Schwedt und dem Wiepersdorfer Sommerfest.

Programm
Die Jahresbroschüre der Kulturfeste erhalten Sie im «RegioPunkt» im Bahnhof Friedrichstraße in Berlin, telefonisch unter 0331 - 200 47 47 und 0331-23 11 214, per E-Mail an broschuere@kulturfeste.de.

Kulturfeste im Land Brandenburg

www.kulturfeste.de

BAHNHOF HACKESCHER MARKT
Auf Wiedersehen in Berlin!